Nicole Günther

Ich. Frei. JETZT

Bibliografische Information der Deutschen Nationalbibliothek: Die Deutsche Nationalbibliothek verzeichnet diese Publikation in der Deutschen Nationalbibliografie; detaillierte bibliografische Daten sind im Internet über http://dnb.dnb.de abrufbar.

Verlag: BoD · Books on Demand GmbH, Überseering 33, 22297 Hamburg, bod@bod.de

Druck: Libri Plureos GmbH, Friedensallee 273, 22763 Hamburg

ISBN: 978 3-8192-1022-8

Ich. Frei. Jetzt.

Dieses Buch ist ein Ruf an all jene, die den Mut haben, sich selbst zu begegnen. Ein sanftes Flüstern für die Suchenden, die Träumenden, die Wandelnden.

Das Leben ist kein gerader Pfad, sondern eine schimmernde Melodie aus Höhen und Tiefen, eine unaufhörliche Bewegung zwischen Vergangenem und Kommendem.

Möge dieses Buch dich daran erinnern, dass du genug bist – genau jetzt, genau hier. Möge es dich ermutigen, deine eigene Geschichte mit offenen Augen und wachem Herzen zu schreiben. Denn das Leben wartet nicht – es tanzt, es pulsiert, es ruft.

Also geh los. Ohne Maske, ohne Angst. Setze die Farben, forme die Töne, sei die Stimme deiner Wahrheit.

Dieses Buch gehört dir.

Dein Weg. Dein Tanz. Dein Leben.

Inhaltsverzeichnis

*„In den Schatten des grauen Alltags
kann die Stimme des Herzens leise werden,
doch wer mutig genug ist, innezuhalten,
wird sie wiederfinden –
die Melodie des eigenen Ichs."*

Es beginnt leise. So leise, dass es kaum auffällt. Ein Leben, das sich Tag für Tag in Bahnen bewegt, die längst vertraut, aber vielleicht nicht so gewählt waren. Die Tage fließen ineinander, wie Pinselstriche auf einer Leinwand, die ineinander verschwimmen, bis die Grenzen zwischen Gestern und Morgen verblassen. – bis am Ende nur ein trübes Grau übrig bleibt. Vielleicht hat es mit den Erwartungen der anderen begonnen, oder mit dem Lärm der Welt, der so laut ist, dass er die eigene Stimme übertönt.

Kennst du das Gefühl? Eine unbestimmte Leere, die sich durch die Stille zieht und plötzlich alles überflutet. Als würde dein Herz dir zuflüstern, dass irgendwo auf diesem Weg ein Teil von dir zurückgeblieben ist – verloren, vergessen, ungehört.

Doch die Wahrheit ist: Wir verlieren uns nicht in einem Moment. Es geschieht schleichend. Ein Traum wird verschoben. Eine Leidenschaft wird zur Nebensache. Und eines Tages schaut man in den Spiegel und fragt sich, wann das Gesicht dort fremd geworden ist.

Die Welt um dich herum wirkt perfekt. Du funktionierst, erfüllst deine Pflichten, hältst Schritt mit dem Takt, den andere vorgeben. Doch tief in dir schreit etwas nach mehr – nach Freiheit, nach Authentizität, nach DIR SELBST.

Und genau hier beginnt deine Reise. Nicht mit einem lauten Knall, sondern mit der leisen, zarten Erkenntnis, dass du mehr bist, als das, was du lebst. Es ist der erste Atemzug nach einer langen Zeit der Enge, der erste Schritt aus dem Schatten. Die Suche nach dir selbst.

Irgendwo da draußen – oder tief in dir – wartet die Stimme, die du glaubtest, verloren zu haben.

Selbstfindung ist das stabile Fundament unseres Daseins. Ohne ein klares Bewusstsein für das eigene Wesen treiben wir ziellos umher, wie ein Schiff ohne Steuer, ausgeliefert den Winden fremder Erwartungen.

Es ist die innere Orientierung, die uns leitet, die uns ermöglicht, Entscheidungen aus eigener Überzeugung zu treffen, statt nach den Vorstellungen anderer zu leben.

Jeder Mensch trägt eine einzigartige Geschichte in sich, doch oft wird sie überlagert von äußeren Stimmen, von Erwartungen, die nicht die eigenen sind. Die Reise zu sich selbst bedeutet, diese Schichten langsam abzutragen, das Echte zu enthüllen und den Mut aufzubringen, der eigenen Stimme Gehör zu schenken.

Erst wenn das eigene Wesen bewusst erkannt wird,
kann das Leben nach den eigenen Werten geformt werden,
kann der eigene Weg mit Klarheit beschritten werden.

Selbstfindung ist kein einmaliger Akt, sondern ein fortwährender Prozess. Es ist die bewusste Entscheidung, immer wieder hinzusehen, sich nicht zu verlieren in den unzähligen Ablenkungen des Alltags, sondern sich immer wieder daran zu erinnern, wer man wirklich ist und was einen ausmacht. In diesem Prozess liegt die Kraft, sich selbst nicht nur zu erkennen, sondern auch anzunehmen – mit all den Facetten, die einen einzigartig machen.

Du hast dein ganzes Leben darauf gewartet, dir selbst zu begegnen. Du hast dich angepasst, um zu gefallen, dich verbogen, um nicht aufzufallen, und dir eingeredet, dass das genug sei. Doch wenn du ehrlich bist, weißt du, dass es nicht reicht. Es gibt ein Leben jenseits der Erwartungen, jenseits der alten Geschichten, die du dir selbst erzählt hast.

Die wichtigste Reise deines Lebens beginnt genau jetzt.

„Es ist der Hauch eines Augenblicks,
der das Bekannte in Frage stellt – unmerklich,
doch unwiderruflich.
Nicht die Lautstärke des Lebens,
sondern die leise Melodie dazwischen
zeigt uns den Weg, den wir zuvor nicht sahen.“

Es beginnt oft unscheinbar. Ein Moment, der sich zwischen all die Alltäglichkeiten schiebt, und doch seltsam schwer in der Luft liegt. Vielleicht ist es ein Blick aus dem Fenster an einem verregneten Nachmittag, der die Ahnung aufkeimen lässt, dass die Welt da draußen mehr birgt, als das, was man zu sehen glaubt. Oder ein flüchtiges Gespräch, in dem jemand die Frage stellt: „Bist du glücklich?" – und die Worte wie ein Echo nachhallen, lange nachdem sie verklungen sind.

Manchmal ist es ein Verlust, der die Sinne schärft. Ein Mensch, eine Chance, ein Traum – etwas entgleitet, und auf einmal drängt sich die Frage in den Vordergrund:

„Warum fühlt sich alles so fern an?
Wo bin ich in all dem geblieben?"

Im dichten Nebel des Alltags verliert sich oft die Farbe des Lebens. Verpflichtungen türmen sich, Träume verstummen, und Leidenschaften verblassen, bis nur noch ein monotones Rauschen übrigbleibt – ein Käfig, der immer enger wird.

Das Leben, das einst als Abenteuer begann, ist zu einem fremdbestimmten Korsett geworden, in dem die Seele kaum noch atmet. So beginnt die Suche. Es ist keine Reise nach außen, sondern eine Rückkehr – zu den eigenen Wurzeln, zu den Erinnerungen, die längst verschüttet schienen.

Es braucht nicht den großen Umsturz, nicht das Zerreißen aller Fäden, die uns halten. Vielleicht liegt die Antwort nicht im Aufbruch, sondern im Innehalten.

Was, wenn wir nicht weglaufen müssen, sondern stehen bleiben und unsere Welt mit neuen Augen betrachten?

Was, wenn es die kleinen Veränderungen sind, die unser Leben von innen heraus erstrahlen lassen – ein sanftes Leuchten statt eines grellen Feuers?

Ein Lächeln huscht über dein Gesicht, als du den Gedanken weiter spinnst. Was wäre, wenn du heute nur eine Sache anders machst? Einen Schritt zur Seite, um deinen Weg aus einem neuen Blickwinkel zu sehen. Vielleicht ein Spaziergang ohne Ziel, nur um die frische Luft zu spüren. Oder eine Mahlzeit, die du langsam genießt, jeden Bissen wie ein kleines Fest. Und mit jedem dieser Schritte wächst etwas in dir – eine leise Dankbarkeit, ein Gefühl, dass du dir näherkommst, ohne weit weg gehen zu müssen.

Es ist, als würdest du die Welt neu erschaffen, aber nicht, indem du alles Alte zerstörst. Sondern indem du das Schöne, das längst da ist, entdeckst. Der Himmel ist nicht nur grau; er ist durchzogen von Farben, wenn man sie sehen will. Deine Tage sind nicht nur eine Abfolge von Aufgaben; sie sind gespickt mit kleinen Wundern, die darauf warten, bemerkt zu werden.

Der Gedanke packt dich nun wie eine Welle. Ein Fluss, der dich mitzieht und dir zeigt, dass neue Wege nicht immer laut und dramatisch sein müssen. Sie können flüstern, können sanft entstehen, in einer Bewegung, die fast unbemerkt bleibt – und doch alles verändert.

Und in dieser Stille, in diesem Staunen merkst du: Es ist nicht die Sehnsucht nach einem anderen Leben, die zählt. Es ist die Kunst, dem eigenen Leben ein kleines Funkeln hinzuzufügen. Ein Schritt. Ein Gedanke. Ein Moment. Und wer weiß, welche Türen sich dann öffnen – ganz von allein.

Mit jedem Atemzug wird dieser Gedanke greifbarer. Etwas in dir drängt, schreit förmlich danach, gehört zu werden. Und dann, ganz plötzlich, ist es da: der Ruf des Unbekannten. Es ist kein Schrei, sondern ein Flüstern. Eine leise, aber unüberhörbare Stimme, die fragt:

„Wer bin ich wirklich?"

„Wer bin ich, wenn niemand zusieht?"

„Was fehlt mir, obwohl ich alles habe?"

„Was liegt jenseits der Mauern, die ich selbst errichtet habe?"

„Kann ich die Melodie meines Herzens noch hören?"

Was wäre, wenn du Antworten auf deine Fragen findest? Wenn du herausfindest, wer du wirklich bist, jenseits von Erwartungen, Rollen und Zwängen? Diese Gedanken sind wie erste Schritte ins Ungewisse. Sie sind zögerlich, unsicher. Es ist der Anfang einer Reise, die dich zu dir selbst führt. Es ist eine Wanderung in das innere Universum, eine Expedition in die verborgenen Ecken deiner Seele. Jeder Schritt offenbart Facetten deines Wesens, die zuvor im Schatten lagen.

Es ist eine Reise, die dich fordert und bereichert, denn du bist gleichzeitig der Entdecker und das zu entdeckende Land.

Auf diesem Weg lernst du, die Stimmen in deinem Inneren zu hören – jenes Flüstern deiner wahren Träume. Wie leise, unscheinbare Wegweiser tauchen sie auf, und plötzlich erkennst du, was dich wirklich bewegt. Die Suche nach dir selbst ist kein linearer Pfad, sondern ein Tanz zwischen Höhen und Tiefen, ein Mosaik aus Momenten der Klarheit und des Zweifelns. Es gibt keine Karte, die dir den genauen Weg zeigt.

Während du gehst, entdeckst du nicht nur deine Stärken, sondern auch deine Schwächen, die ungeschliffenen Diamanten deiner Persönlichkeit.

Es sind diese Ecken und Kanten, die das Abenteuer so echt, so lebendig machen. Und wie ein Reisender, der in einem fremden Land neue Kulturen entdeckt, lernst du, dich selbst zu akzeptieren und lieben – mit all deinen Eigenheiten.

Manchmal wirkt der Weg endlos, und die Hindernisse erscheinen unüberwindbar. Es bedarf Mut, sich den eigenen Schatten zu stellen, Geduld, wenn der Fortschritt langsamer als erhofft ist, und Hingabe, sich immer wieder neu auf den Pfad zu wagen. Doch gerade in diesen Momenten wächst du. Es sind die Umwege, die Herausforderungen, die dir die wertvollsten Lektionen schenken.

Der Kompass auf dieser Reise ist dein Herz. Es weist dir den Weg zu innerem Frieden, zu wahrer Zufriedenheit. Du erkennst, dass die Reise nicht auf ein Ziel hin ausgerichtet ist, sondern dass der Weg selbst das Ziel ist – jeder Schritt, jede Begegnung, jede Erkenntnis. Es ist eine sich stetig entfaltende Geschichte, und du bist der Autor.

Und so belohnt dich diese Expedition, diese intime Reise zu dir selbst, mit einem unschätzbaren Geschenk: einem tiefen Verständnis für dich selbst und deinem Platz in dieser komplexen, wunderbaren Welt.

Es ist eine Reise, die nie wirklich endet, doch in ihrer Unendlichkeit liegt ihr Zauber. Denn auf jedem Abschnitt findest du ein kleines Stückchen mehr von dem, was du schon immer warst – *einzigartig, vollkommen und vollkommen du.*

Eine faszinierende Reise zum Selbst beginnt mit einem bewussten Blick auf das Hier und Jetzt. Nicht rückwärts in verpasste Möglichkeiten, sondern auf die eigenen Spuren im Sand – wo stehe ich heute, was formt mich?

Eine Expedition zu dir selbst braucht Zeit. Antworten kommen nicht auf Knopfdruck – sie entfalten sich, Schicht für Schicht, wenn du ihnen Raum gibst.

DIE HARMONIE IN DIR

Yin und Yang in der Körperwahrnehmung

„*In dir fließen zwei Energien sacht,*
Yin und Yang in voller Pracht.

Gleichgewicht, das tief dich lenkt,
wenn du beide Seiten erkennst."

Wir leben oft in Extremen, pendeln zwischen Denken und Fühlen, Kontrolle und Loslassen, Aktivität und Ruhe. Doch unser Körper erzählt uns eine andere Geschichte – eine von Balance, von Gegensätzen, die nicht voneinander getrennt werden sollten, sondern sich gegenseitig ergänzen.

Die alte Philosophie des Yin und Yang erinnert uns daran: In jedem von uns existiert ein Zusammenspiel aus beiden Kräften. Sie formen unser Wesen und beeinflussen, wie wir die Welt – und uns selbst – wahrnehmen.

Doch wie oft nehmen wir uns wirklich wahr? Nicht nur als Gedankenkonstrukt, sondern als lebendiges Wesen, dessen linke und rechte Körperhälfte unterschiedliche Qualitäten verkörpern.

Was passiert, wenn du genau hinhörst? Wenn du diese beiden Seiten deines Seins bewusst spürst?

Jede Körperseite trägt eine Geschichte in sich. Laut der Traditionellen Chinesischen Medizin (TCM) steht die rechte Seite für Yin, die Welt des Inneren, der Intuition, des Empfangens. Sie ist sanft und fließend, kühl und tief. Die linke Seite hingegen verkörpert Yang, Dynamik, Aktion, Kontrolle, Wärme.

Man sagt, dass sich unsere Persönlichkeit in dieser Aufteilung widerspiegelt: Manche Menschen erleben ihre rechte Seite als stärker oder empfindsamer, andere fühlen sich mehr mit ihrer linken Körperhälfte verbunden. Eine Dominanz oder ein Ungleichgewicht zwischen diesen Seiten kann viel darüber verraten, ob wir uns selbst gerade eher in einem Zustand der Kontrolle oder im Fluss des Lebens befinden.

Vielleicht spürst du einen Unterschied, wenn du jetzt bewusst auf deinen Körper achtest.

Welche Seite fühlt sich präsenter an? Gibt es Spannungen, Unterschiede in Wärme, Kraft oder Bewegung? Vielleicht erkennst du, dass deine Yin-Seite nach mehr Ruhe verlangt oder dass dein Yang sich nach Ausdruck sehnt.

DIE RÜCKKEHR ZU DIR SELBST

Stille. Ein Moment der Ruhe, in dem die Welt für einen Atemzug innehält. Doch wann hast du das letzte Mal wirklich stillgestanden? Nicht nur körperlich, sondern auch innerlich? Wann hast du dich selbst gespürt, nicht als Reflexion im Spiegel, sondern als pulsierendes, lebendiges Wesen?

Wir verlieren uns oft im Rausch des Alltags. Termine, Verpflichtungen, die endlose Liste von „Muss" und „Soll". Unser Körper wird zur Maschine, ein Instrument, das funktioniert, aber nicht wirklich lebt. Doch genau dort beginnt der Weg zur Selbstfindung: in der bewussten Wahrnehmung unseres Körpers, in der Rückkehr zu uns selbst.

Spüre, wie deine Füße den Boden berühren. Nicht nur beiläufig, sondern wirklich. Erkenne die Wärme, die Textur, die sanfte Nachgiebigkeit des Bodens unter dir. Deine Füße tragen dich jeden Tag, aber wann haben sie zuletzt deine Aufmerksamkeit bekommen?

Bewege langsam deine Finger, spüre ihre Beweglichkeit, ihre Kraft. Lege eine Hand auf dein Herz. Fühlst du das leichte Pochen? *Das bist du.* Dein Herz schlägt unaufhörlich für dich, begleitet dich durch jeden Moment. Und doch ignorieren wir es oft – bis wir innehalten.

Ein tiefer Atemzug. Die Luft strömt durch deine Nase, füllt deine Lungen, dehnt deinen Brustkorb. Ein Geschenk, das du dir selbst machst, jedes Mal, wenn du bewusst atmest.

Diese Übung kann dich dabei unterstützen, dich wieder mit deinem Körper und deiner inneren Welt zu verbinden.

Setze dich bequem hin oder lege dich flach auf den Boden. Deine Wirbelsäule ist gerade, deine Schultern entspannt. Schließe die Augen und richte deine Aufmerksamkeit nur auf deinen Atem. Atme tief durch die Nase ein. Spüre, wie die Luft langsam in deine Lungen fließt, sich dein Bauch hebt. Halte den Atem für vier Sekunden − nicht verkrampft, sondern sanft. Atme langsam durch den Mund aus. Spüre, wie sich die Spannung löst, wie der Atem deinen Körper verlässt. Wiederhole dies für einige Minuten. Mit jeder Ausatmung lässt du mehr von dem los, was dich belastet.

Während du atmest, wirst du spüren, wie dein Geist sich klärt. Dein Körper, dein Atem, deine Gedanken − alles kommt in Einklang. Du bist nicht verloren, du warst immer da. Und genau hier beginnt die Selbstfindung: in dem Moment, in dem du erkennst, dass du immer schon ganz warst.

Diese Übung hilft dir, die beiden Seiten deines Körpers bewusst wahrzunehmen und eine innere Harmonie zu finden.

Setze dich bequem hin – beide Füße auf den Boden, Wirbelsäule gerade, Hände locker auf den Oberschenkeln. Schließe die Augen und richte deine Aufmerksamkeit auf deine rechte Körperhälfte. Spüre deinen Arm, dein Bein, die Berührung mit dem Boden. Ist diese Seite wärmer, kühler, entspannter oder angespannter?

Nach einigen Atemzügen wechselst du auf die linke Seite. Spüre sie genauso bewusst wie zuvor die rechte Hälfte. Vergleiche beide Seiten. Gibt es einen Unterschied in der Wahrnehmung? Fühlst du eine Dominanz oder eine Disharmonie? Nun atme tief ein und stelle dir vor, du verbindest beide Seiten mit deinem Atem – wie ein sanfter Fluss, der durch dich strömt und Yin und Yang ausbalanciert. Lass mit jeder Ausatmung Spannungen los und stelle dir vor, dass du eine Mitte zwischen diesen beiden Kräften findest.

Jenseits von Worten und Konzepten ist dein Körper dein Kompass. Er zeigt dir, wo du stehst, wo du Disharmonie empfindest, wo du Wachstum brauchst. Die alte Weisheit von Yin und Yang erinnert uns daran, dass wir immer beides sind – die Ruhe und die Bewegung, das Empfangen und das Geben, das Loslassen und das Halten. Wenn du lernst, beide Seiten bewusst zu spüren, findest du dich selbst auf eine tiefere Weise. Denn am Ende ist Selbstfindung nicht das Streben nach einem perfekten Zustand, sondern das bewusste Erleben dessen, was bereits da ist.

Du bist bereits vollständig – du musst es nur fühlen.

„Die Wurzeln tragen meine Geschichte,
doch mein Weg führt stets nach vorn —
im Jetzt verwurzelt, im Morgen entfaltet."

Die Vergangenheit ist eine Flamme, die nie erlischt. Ihre Glut mag uns manchmal wärmen, uns Geschichten erzählen von Freude, Verlust, Triumph und Schmerz. Doch wenn wir zu lange in ihr verweilen, kann sie uns wie ein ewiges Feuer in der Dunkelheit gefangen halten. Doch was wäre, wenn wir statt Gefangene Architekten unserer eigenen Erinnerung werden könnten? Was wäre, wenn der Blick zurück nicht Schmerz bedeuten müsste, sondern eine Einladung, das Heute und Morgen zu gestalten?

Die Vergangenheit kann man nicht ändern, sie ist ein Bild, das bereits gemalt wurde, ein Gedicht, dessen letzte Zeile geschrieben ist. Aber was wir ändern können, ist unser Blick auf dieses Bild, die Art und Weise, wie wir die Verse dieses Gedichts lesen. Es ist nicht das Ereignis selbst, das uns definiert, sondern unsere Einstellung dazu. Ein Verlust kann entweder eine Wunde bleiben oder die Quelle einer Stärke werden, die uns niemand mehr nehmen kann. Ein Fehler kann entweder ein Stachel der Reue sein oder die Brücke zu einer neuen Weisheit.

Unsere Erinnerung ist nicht statisch; sie ist ein Tanz, ein Fluss, der immer in Bewegung ist. Stelle Dir eine alte Fotografie vor, die man nach Jahren wieder in die Hände nimmt. Vielleicht war man damals enttäuscht oder verletzt, aber mit der Linse der Zeit erkennt man plötzlich die Schönheit des Moments, die Lektionen, die darin verborgen waren. Es ist dieser Wandel der Perspektive, der die Macht in sich trägt, den Schatten der Vergangenheit in ein Licht für die Gegenwart und Zukunft zu verwandeln.

Die Gegenwart ist der Moment, in dem die Vergangenheit zur Interpretation wird, der Moment, in dem wir uns entscheiden können, welche Geschichten wir uns selbst erzählen. Es ist der Ort, an dem wir die Kontrolle übernehmen und erkennen, dass jeder Atemzug, jede Entscheidung in diesem Moment eine neue Zukunft formt.

Die Zukunft hingegen ist ein unbeschriebenes Blatt, ein Raum voller Möglichkeiten. Sie trägt keine Last, keine Vorurteile, keine Schmerzen – nur das, was wir ihr geben. In ihr liegt die Freiheit, neue Wege zu gehen, alte Muster zu durchbrechen und Träume zu erschaffen, die einst unvorstellbar schienen. Aber nur, wenn wir uns erlauben, aus der Vergangenheit zu lernen, statt von ihr gebunden zu bleiben.

Vergangenheit, Gegenwart und Zukunft stehen nicht isoliert nebeneinander. Sie sind wie ein Fluss, dessen Quelle tief in den Bergen der Erinnerung liegt, durch die Täler der Gegenwart fließt und schließlich in den weiten Ozean der Zukunft mündet. Und in jeder Sekunde, in jedem Gedanken, in jedem Atemzug sind wir es, die das Wasser lenken – mit unserer Einstellung, unserem Mut und unserer Hoffnung.

EINE NEUE SICHT

Vergangenheit, Gegenwart und Zukunft sind wie die drei Farben einer Palette, mit denen Du das Bild Deines Lebens malst. Manche Farben sind dunkler, andere heller, doch jede trägt zur Tiefe und Schönheit des Gemäldes bei. Halte inne und denke daran: Es ist Deine Hand, die den Pinsel führt.

Es beginnt mit einem Blick zurück. Nicht, um dort zu verweilen, sondern um zu verstehen. Unsere Vergangenheit ist kein Gefängnis, sondern ein Spiegel – ein Echo dessen, was uns geformt hat. Wer sich selbst finden will, muss seine Wurzeln kennen.

Erinnerungen sind wie alte Fotografien, vergilbt, aber voller Bedeutung. Vielleicht war da ein Traum, den wir als Kind hatten – ein unbändiger Wunsch, der uns leuchten ließ. Vielleicht war da eine Stimme, die uns sagte, wir seien nicht genug. Vielleicht eine Erfahrung, die uns lehrte, dass „Nein" sagen Konsequenzen hat.

Unsere Kindheit ist das Fundament, auf dem wir stehen. Die Art, wie wir geliebt wurden, wie man uns zuhörte, wie man uns beibrachte, unsere Grenzen zu setzen – all das prägt uns. Wer nie gelernt hat, dass seine Bedürfnisse zählen, wird als Erwachsener zögern, sie zu äußern. Wer immer gefallen musste, wird sich schwertun, „Nein" zu sagen.

Doch hier liegt die Kraft des Rückblicks: Er zeigt uns nicht nur, woher wir kommen, sondern auch, wo wir uns selbst verloren haben.

Vielleicht haben wir das Kind in uns vergessen – das Kind, das mutig war, das wusste, was es wollte, das keine Angst hatte, laut zu lachen oder zu weinen. Vielleicht haben wir die Fähigkeit verloren, uns selbst zu vertrauen. Doch diese vergessenen Teile von uns sind nicht verschwunden. Sie warten. Sie sind die Wurzeln, die uns wieder Halt geben können.

Die Träume, die wir einst hatten, sind nicht tot – sie sind nur verborgen. Die Stärke, die wir als Kinder fühlten, ist nicht verloren – sie ist nur leise geworden. Die Fähigkeit, „Nein" zu sagen, ist nicht unmöglich – sie muss nur wieder geübt werden.

Stelle Dir vor, Deine Vergangenheit ist ein weiser Lehrer, der Dir Geschichten erzählt, um Dich zu stärken, nicht zu schwächen.

Sehe Lektionen als Dein Gepäck, nicht als Last, sondern als Werkzeugkiste für kommende Abenteuer.

Manchmal hält uns die Vergangenheit fest, als wäre sie ein schwerer Rucksack auf unserem Rücken. Doch was wäre, wenn du diesen Rucksack öffnen, seine Inhalte betrachten und mit einem liebevollen Lächeln entscheiden könntest, was du behältst und was du loslässt?

Hier sind inspirierende Übungen, die du anwenden kannst, um der Vergangenheit liebevoller zu begegnen, die Gegenwart zu umarmen und die Zukunft mit Zuversicht zu betrachten:

Schreibe einen Brief an dein Vergangenheits-Ich: Setze dich hin und schreibe einen Brief an die Person, die du vor fünf oder zehn Jahren warst. Erzähle ihr, was du aus euren gemeinsamen Erfahrungen gelernt hast. Vergib dir selbst für Fehler – sie haben dich wachsen lassen.

Erschaffe ein Ritual des Loslassens: Nimm ein Blatt Papier und schreibe auf, was dich aus der Vergangenheit noch belastet. Dann entscheide bewusst, wie du es loslassen möchtest: Verbrenne das Papier (sicher!), übergib es dem Wasser oder vergrabe es in der Erde – als Symbol, dass du weitergehst.

Finde Dankbarkeit in der Gegenwart: Jeden Tag gibt es kleine Wunder, die oft übersehen werden. Starte ein Dankbarkeitstagebuch und notiere drei Dinge, die dich an diesem Tag bereichert haben. Es können einfache Dinge sein: ein Lächeln, eine gute Tasse Tee, ein inspirierender Moment.

Erschaffe dein Mantra der Zuversicht: Wähle einen Satz, der dich stärkt:

„Ich vertraue dem Weg, der vor mir liegt."

„Jede Herausforderung macht mich stärker."

Wiederhole ihn täglich, laut oder innerlich, bis er zu einem festen Anker wird.

Die Reise zu einem ausgeglichenen Leben ist wie das Erklimmen eines Berges. Es erfordert Achtsamkeit bei jedem Schritt, Ruhepausen zum Atemholen und den Mut, auch einmal innezuhalten und die Aussicht zu genießen.

Die Vergangenheit muss keine Last sein, die Gegenwart darf ein Geschenk sein, und die Zukunft wartet auf dich mit offenen Armen.

Du hast die Kraft, dein eigenes Licht zu entzünden. Leuchte!

DIE GEGENWART UMARMEN

„Die Gegenwart ist wie ein flüchtiger Sonnenstrahl auf der Haut –
sie vergeht schnell, aber wenn wir innehalten,
können wir ihre Wärme spüren.“

Die Vergangenheit – sie ruht wie ein stiller Fluss in uns, formt unsere Erinnerungen, unsere Träume, unser Sein. Doch manchmal tragen wir Lasten mit uns, schwere Steine, die uns zu Boden ziehen. Schmerz, Schuld, Fehler – die Schatten einer schwierigen Vergangenheit, die unser Heute verdunkeln können. Und so stellt sich die Frage: Kann man diese Steine loslassen? Kann man die eigene Gegenwart befreien, um sie in voller Schönheit zu leben?

Die Antwort liegt nicht in einem plötzlichen, magischen Wendepunkt. Sie liegt im bewussten Gestalten, im Hinhören und Loslassen. Was geschehen ist, ist unwiderruflich – aber wie wir darauf blicken, wie wir die Narben tragen, das können wir selbst bestimmen. Die schlechte Vergangenheit hat die Macht, uns zu formen – aber nicht die Macht, uns zu definieren.

Der Blick zurück darf uns nicht festhalten. Die Vergangenheit ist ein Lehrmeister, aber nicht unser Zuhause.

Psychische Gesundheit beginnt dort, wo wir uns erlauben, jetzt zu leben. Nicht in alten Fehlern, nicht in verpassten Chancen, nicht in dem, was hätte sein können. Sondern in dem, was ist.

Wer sich selbst erkennt, kann bewusst entscheiden, wie er leben will.

Wer seine Vergangenheit versteht, kann seine Zukunft gestalten.

Wer seine Wurzeln kennt, kann wachsen –
nicht rückwärts, sondern nach vorne.

Denn am Ende geht es nicht darum, wer wir einmal waren.
Es geht darum, wer wir jetzt sind – und wer wir sein können.

Die Kraft, wie wir die Vergangenheit sehen, liegt in unseren eigenen Händen, und sie hat die Macht, unsere Gegenwart zu erhellen und unsere Zukunft zu lenken.

Wenn du an schmerzhafte oder schwierige Momente in der Vergangenheit denkst, ist es leicht, in diese Gefühle zurückzufallen. Doch die Perspektivänderung beginnt mit der Frage: Was habe ich aus dieser Erfahrung gelernt? Schmerz mag uns gezeichnet haben, aber er hinterlässt auch Weisheit. Jede Herausforderung kann uns stärken, jede Niederlage uns daran erinnern, wie weit wir gekommen sind.

Es gibt Momente, in denen du zurückblickst und dich fragst: „Was wäre gewesen, wenn …?" Vielleicht verspürst du Bedauern, vielleicht Trauer oder Frustration. Doch was, wenn all diese Erfahrungen nicht dazu da waren, dich zu brechen, sondern dich zu formen?

Jeder Rückschlag, jede verpasste Gelegenheit und jedes scheinbare Scheitern trägt eine Botschaft in sich. Vielleicht war es einfach noch nicht der richtige Moment. Vielleicht wartet etwas Größeres auf dich, etwas, das du erst durch diese Erfahrung erkennen kannst.

Stell dir vor, du hattest einst eine Chance vor Augen, die du nicht ergreifen konntest. Vielleicht wurdest du übergangen, vielleicht hat sich eine Tür nicht geöffnet. Doch genau dieser Moment könnte dich auf etwas Wesentliches hingewiesen haben: Erfolg ist nicht immer laut, nicht immer glänzend.

Manchmal liegt wahre Erfüllung in etwas Tiefgründigem – in der Erkenntnis, dass dein Leben nicht auf Ruhm oder äußere Bestätigung aufgebaut sein muss.

Was, wenn dein Rückschlag dich stärker gemacht hat? Was, wenn er dir beigebracht hat, Widerstandskraft zu entwickeln, Geduld zu üben oder dir gezeigt hat, dass dein Wert nicht von einer einzelnen Entscheidung abhängt?

Erinnere dich: Die Vergangenheit ist nicht da, um dich zurückzuhalten. Sie ist da, um dir für die Gegenwart Kraft zu geben. Jene Momente, in denen du gefallen bist, haben dich gelehrt, wie man aufsteht. Die Chancen, die du verpasst hast, haben dich vorbereitet auf jene, die jetzt kommen.

Also frage dich:

„Was hat meine Vergangenheit mich gelehrt?
Welche Stärke habe ich durch sie gewonnen?"

Wenn du die Lektionen erkennst, kannst du die Gegenwart mutiger leben. Du kannst ohne Angst vor Fehlern voranschreiten, mit einem tiefen Vertrauen, dass sich Türen zur richtigen Zeit öffnen. Und wenn du voller Zuversicht nach vorn blickst, wirst du spüren:

Das Beste liegt noch vor dir.

Ein positives Mindset beginnt mit Dankbarkeit. Indem du dich bewusst auf die guten Dinge fokussierst – sei es die Unterstützung von Freunden, kleine Erfolge oder einfach die Schönheit eines Sonnenaufgangs – lenkst du deinen Blick von dem, was fehlt, zu dem, was du besitzt.

Beginne jeden Tag damit, drei Dinge aufzuschreiben, für die du dankbar bist. Diese einfache Übung öffnet dein Herz für das Gute, das dich umgibt.

Die Gegenwart ist das wertvollste Geschenk, das du hast. Richte deinen Fokus auf den Moment, anstatt in den Tiefen von „Was wäre gewesen, wenn…" zu verweilen.

Achtsamkeit ist der Schlüssel: Spüre, wie deine Füße den Boden berühren, wie die Luft durch deine Lungen strömt, wie die Welt um dich herum lebt. Jeder bewusste Atemzug ist ein Sieg über die Macht der negativen Gedanken.

Wenn du deine Gegenwart mit Positivität füllst, erschaffst du eine Zukunft, die auf Hoffnung und Stärke aufbaut.

Die Gedanken, die du heute hegst, formen das Fundament für das Morgen.

Wenn du heute erkennst, dass Fehler Lernschritte sind, dass Traurigkeit Platz für Freude schafft, dass du hier bist – lebendig und voller Möglichkeiten – dann wird die Zukunft deine Verbündete sein.

Ein Beispiel dafür, wie diese Veränderung die Zukunft beeinflussen kann, ist die Fähigkeit, Beziehungen zu gestalten. Wenn du vergangene Enttäuschungen nicht länger als Bürde trägst, sondern als Lehren betrachtest, wirst du offener für neue Verbindungen. Du trittst anderen mit Vertrauen entgegen, weil du die Kraft der Vergebung gemeistert hast.

Das Leben geschieht im Jetzt.

Während die Vergangenheit dir Lektionen schenkte und die Zukunft wie ein unbeschriebenes Blatt vor dir liegt, ist es die Gegenwart, in der du deine Geschichte schreibst. Halte inne, lächle, wähle Licht über Dunkelheit. Die Perspektive, die du wählst, ist wie der Pinselstrich eines Künstlers – und das Gemälde deines Lebens kann in den schönsten Farben leuchten.

Stelle dir vor, du hältst eine alte Laterne. In ihrem Glas brennen Erinnerungen, gute und schlechte. Je heller das Licht der guten Erinnerungen, desto mehr verschwinden die Schatten. Um das Positive zu nähren, brauchen wir Mut. Mut, die Schönheit in kleinen Momenten zu sehen. Mut, die Fülle des Augenblicks zu spüren, selbst wenn die Vergangenheit flüstert.

Das Abstreifen des Negativen beginnt mit einem einfachen Schritt: **Vergebung.**

Nicht nur anderen, sondern vor allem sich selbst. Denn in der Vergebung liegt Befreiung, ein Anker, der uns erlaubt, weiterzugehen. Lass die Schuld aus deinen Händen gleiten – sie gehört nicht in dein Heute. Richte deinen Blick auf das Hier, das Jetzt. Die Gegenwart ist nicht die Verlängerung der Vergangenheit; sie ist ein neues, unbeschriebenes Blatt.

Und wie formt man dieses neue Blatt? Indem man jeden Moment willkommen heißt wie einen alten Freund und indem man sich erlaubt, im Jetzt zu versinken. Ein Spaziergang im Morgenlicht, das Lächeln eines Fremden, die Ruhe des Atmens – all das ist das Leben, das sich entfaltet, wenn wir die Augen öffnen und die Lasten ablegen. Es ist, als würde man einen Rucksack voller Steine öffnen, einen Stein nach dem anderen

Atme tief ein. Spüre, wie die Luft deine Lungen füllt. Und sage dir selbst:

„Das Hier und Jetzt gehört mir.“

Im Hier und Jetzt finden wir uns selbst. Nicht als das, was die Vergangenheit uns vorgab zu sein, sondern als das, was wir wirklich sind – ein Wesen voller Möglichkeiten, bereit, das Leben in all seinen Farben zu umarmen.

Letztlich ist die Gegenwart das, was zählt. Sie ist das Geschenk, das uns immer wieder aufs Neue gegeben wird, wenn wir es nur annehmen.

DER AUGENBLICK, DER ZÄHLT

„Achtsamkeit ist der Schlüssel zu einem Leben,
das nicht in Eile vorbeizieht,
sondern in jedem Moment seinen Wert offenbart.“

Die Vergangenheit ist ein stiller Begleiter, eine alte Kiste voller Erinnerungen, die uns manchmal lächeln lassen und manchmal die Augen mit Tränen füllen. Sie ist wie ein Schatten, der uns folgt, doch sie hat keine Macht, unseren Weg zu beeinflussen – es sei denn, wir erlauben es ihr. Was geschehen ist, ist wie in Stein gemeißelt, unveränderlich.

Stell dir vor, du wanderst durch ein weites Tal. Vor dir liegt ein Pfad, der sich in der Ferne verliert, und hinter dir die Fußspuren im Sand, Spuren deines Weges. Du kannst stehen bleiben und dich endlos umblicken, jeden Schritt analysieren, jeden Stein, an dem du gestolpert bist, jedes Blütenblatt, das dir Freude bereitet hat. Doch während du stehen bleibst, bewegt sich die Welt weiter. Der Wind spielt in den Gräsern, die Sonne tanzt über die Hügel, und das Leben lädt dich ein, weiterzugehen. Der Moment des Innehaltens kann heilsam sein, aber das Verweilen im Gestern raubt dir die Kraft, das Heute zu erleben.

Die Gegenwart ist lebendig, pulsierend, eine Bühne, auf der du der Protagonist bist. Und hier liegt die Macht, die dir niemand nehmen kann: Die Macht, zu wählen, wie du diesen Moment gestaltest. Das Heute ist dein Werkzeug, mit dem du deine Zukunft formst. Denn wer die Gegenwart liebt, gibt der Zukunft eine stärkere Basis.

Doch Vorsicht – die Zukunft kann ein schimmernder Nebel sein, ein verheißungsvoller Traum oder eine drückende Last, je nachdem, wie wir sie betrachten. Gedanken, die sich ständig um das Morgen drehen, sind wie ein Vogel, der im Käfig kreist, immer in Bewegung, aber nie frei. Du kannst die Zukunft planen, träumen und Visionen entwickeln, doch du kannst sie nicht kontrollieren. Sie ist wie ein Fluss, der unaufhaltsam fließt, sich schlängelt, unerwartete Richtungen nimmt. Warum also nicht lernen, auf den Wellen zu tanzen, statt sich von der Strömung fortreißen zu lassen?

Der Schlüssel zum Glück liegt im Gleichgewicht. Lass die Vergangenheit los, wie einen Drachen, der in die Weite des Himmels schwebt. Umarme die Gegenwart mit beiden Händen und einem offenen Herzen, und schenke der Zukunft ein Lächeln, ohne von ihr besessen zu sein. Denn das Leben ist keine Reise von gestern nach morgen – es ist ein Tanz im Hier und Jetzt. Und jeder Schritt, den du wagst, ist ein kleines Wunder.

Schließe die Augen, atme tief ein und spüre die Welt um dich herum. Dies ist der Augenblick, in dem du lebst. Dies ist der Moment, in dem alles möglich ist. Greife nach den Sternen, aber schätze den Boden, auf dem du stehst. Du bist der Schöpfer deines Lebens, und deine Geschichte wird geschrieben – Seite für Seite, Augenblick für Augenblick.

„Im Augenblick verwurzelt,
wächst das bewusste Leben mit jedem kleinen Schritt."

Atemmeditation – Den Moment ankommen lassen

Nehme dir jeden Morgen zwei Minuten Zeit. Setze dich bequem hin, schließe die Augen und richte deine Aufmerksamkeit auf deinen Atem. Spüre, wie die Luft durch deine Nase einströmt und wieder ausströmt.

Sage dir bei jedem Einatmen: *„Ich bin hier"* und bei jedem Ausatmen: *„Ich bin jetzt"*

Diese kleine Übung hilft dir, deinen Geist zu zentrieren und den Tag bewusst zu beginnen.

Dankbarkeitstagebuch – Die kleinen Dinge sehen

Bevor du abends schlafen gehst, schreibe drei Dinge auf, für die du an diesem Tag dankbar bist. Das können kleine Momente sein. Indem du dich auf das Positive konzentrierst, lernst du, den Wert des Hier und Jetzt zu erkennen.

Achtsames Essen – Nahrung für Körper und Seele

Beim nächsten Essen versuche, jeden Bissen bewusst wahrzunehmen. Schau dir die Farben und Formen der Speisen an, spüre ihre Textur auf deiner Zunge und genieße den Geschmack. Lege zwischen den Bissen bewusst das Besteck ab. Diese Übung hilft dir, achtsamer zu sein und deinen Körper besser wahrzunehmen.

Bildschirmfreie Zeit – Raum für dich schaffen

Plane jeden Tag eine Stunde ohne digitale Geräte ein. Nutze diese Zeit, um spazieren zu gehen, ein Buch zu lesen oder einfach nur zu sein. Diese Pause bringt dich in Kontakt mit deiner Umgebung und entlastet deinen Geist.

Ein Moment der Stille – Den Lärm stoppen

Schaffe dir über den Tag verteilt kurze Momente der Stille. Sei es eine Minute am Arbeitsplatz, in der du die Augen schließt, oder fünf Minuten in der Natur, in denen du bewusst den Klängen um dich herum lauschst. Diese Stille hilft dir, den Strom der Gedanken zu unterbrechen und den Moment bewusster wahrzunehmen.

Mit diesen Übungen kannst du Schritt für Schritt eine Praxis entwickeln, die dich zurück in die Gegenwart holt – dort, wo das Leben wirklich stattfindet. Wähle eine oder zwei davon aus, die du in deinen Alltag integrieren möchtest, und beobachte, wie kleine Veränderungen eine große Wirkung entfalten können.

BELEUCHTUNG VERSCHIEDENER DENKANSÄTZE

Das Thema „Leben im Hier und Jetzt" wird aus unterschiedlichen philosophischen Perspektiven beleuchtet. Verschiedene Denkschulen haben sich mit der Idee beschäftigt, wie der Mensch bewusst im Moment leben kann und welche Bedeutung dies für das Leben hat

Buddhismus und Zen-Philosophie

Im Buddhismus ist das Konzept der Achtsamkeit (Sati) und der Präsenz im Moment von zentraler Bedeutung. Buddha lehrte, dass Anhaftung an die Vergangenheit und Sorgen um die Zukunft Leid verursachen.

Die Praxis der Achtsamkeit ermöglicht es, das Leben im Hier und Jetzt zu erleben, ohne es zu bewerten. Der Zen-Buddhismus betont besonders die Einfachheit des Moments: Die Gegenwart wird als einzig realer Zustand betrachtet, während Vergangenheit und Zukunft als Illusionen gelten.

Ein Zen-Leitsatz sagt: *"Wenn du gehst, dann gehe. Wenn du sitzt, dann sitze. Aber schwanke nicht."*

Stoizismus

Die stoische Philosophie – vertreten durch Denker wie Seneca, Epiktet und Marc Aurel – fordert, sich auf das zu konzentrieren, was in unserer Kontrolle liegt, und das anzunehmen, was wir nicht ändern können. Für Stoiker ist das Leben im Moment ein Ausdruck von Weisheit, da sie vergangene Ereignisse oder zukünftige Unsicherheiten als nicht beeinflussbar betrachten. Marc Aurel schrieb in seinen Selbstbetrachtungen:

"Der Mensch lebt nur den gegenwärtigen Moment.
Alles andere ist entweder schon vorbei oder noch ungewiss."

Epikureismus

Epikur lehrte, dass das Glück im Genießen des gegenwärtigen Moments liegt. Er empfahl ein bewusstes und einfaches Leben, frei von übermäßigem Streben nach materiellen Gütern oder von Sorgen um die Zukunft. Für Epikur ist das Erleben der kleinen Freuden des Alltags – wie ein Gespräch mit Freunden oder das Essen eines guten Gerichts – der Schlüssel zu einem erfüllten Leben.

Moderne Psychologie und Achtsamkeitsphilosophie

Philosophen der Neuzeit wie Thích Nhất Hạnh verbinden philosophische und spirituelle Ansätze mit modernen psychologischen Erkenntnissen. Thích Nhất Hạnh propagiert eine „Kunst der Achtsamkeit", bei der jede Handlung, selbst die banalste wie das Spülen von Geschirr, bewusst und im Hier und Jetzt ausgeführt wird.

Diese Perspektiven verdeutlichen, dass der Fokus auf den gegenwärtigen Moment über Kulturen und Zeitalter hinweg als zentral für ein erfülltes Leben gilt. Jede Denkschule bietet eigene Ansätze, um Achtsamkeit in die Praxis umzusetzen, sei es durch Meditation, bewusste Reflexion oder die Akzeptanz des Unveränderbaren.

Achtsamkeit ist mehr als eine Methode zur Entspannung – sie kann ein Schlüssel zur Selbstfindung sein. Indem wir bewusst im Hier und Jetzt leben, lernen wir, uns selbst besser wahrzunehmen und unsere Gedanken und Gefühle mit mehr Klarheit zu betrachten.

Zahlreiche wissenschaftliche Studien belegen die positiven Auswirkungen eines achtsamen Lebensstils auf Körper, Geist und emotionale Gesundheit. Achtsamkeit kann Stress reduzieren, das allgemeine Wohlbefinden steigern und zu einem tieferen Verständnis der eigenen Bedürfnisse führen.

Gerade in der heutigen schnelllebigen Welt hilft sie dabei, innezuhalten und wieder eine bewusste Verbindung zu sich selbst aufzubauen. Ob durch Meditation, bewusste Atmung oder kleine achtsame Rituale – jeder Schritt fördert ein bewusstes Leben und unterstützt den Weg zur inneren Balance.

ACHTSAMKEIT
EIN SCHLÜSSEL ZUR INNEREN BALANCE

„Im sanften Fluss des Moments liegt die Kraft der Stille.
Achtsamkeit öffnet die Tür zur inneren Harmonie.“

Stell dir vor, du hältst inne. Nur für einen Moment. Die Gedanken verstummen, der Atem fließt ruhig, und du spürst die Welt – ohne Ablenkung, ohne Eile. Genau hier beginnt die Reise der Achtsamkeit: ein bewusster Schritt in das Jetzt, das so oft im Trubel des Alltags untergeht.

In der modernen Forschung gilt Achtsamkeit als wirkungsvolles Mittel zur Stressbewältigung.
Die Methode der „Mindfulness-Based Stress Reduction" (MBSR), entwickelt von Jon Kabat-Zinn, zeigt eindrucksvoll, wie regelmäßiges Innehalten und bewusste Selbstwahrnehmung unser Nervensystem beruhigen kann. Studien belegen, dass dadurch der Cortisolspiegel sinkt und Menschen gelassener mit Herausforderungen umgehen.

Doch Achtsamkeit reicht weit über Stressreduktion hinaus – sie verändert uns von innen heraus. Regionen wie der Hippocampus, der für Lernen und Gedächtnis zuständig ist, wachsen bei Menschen, die achtsam leben. Zugleich beruhigt sich die Amygdala, das Zentrum für Angst, wie ein aufgewühltes Meer, das sich langsam glättet.

Auch unser Körper profitiert: Studien zeigen eine Senkung des Blutdrucks, ein gestärktes Immunsystem und eine verbesserte emotionale Gesundheit. Menschen berichten von einem inneren Frieden, einer vertieften Selbstwahrnehmung und einer neuen Perspektive auf ihr Leben.

Achtsamkeit zeigt dir, dass Veränderung ein natürlicher Teil des Lebens ist. Statt gegen den Strom der Dinge zu kämpfen, lernst du, mit dem Fluss zu gehen und das Leben so anzunehmen, wie es ist – mit all seinen Höhen und Tiefen. Wenn du im Moment präsent bist, lernst du, weniger impulsiv zu handeln und überlegter Entscheidungen zu treffen. Es ist, als würdest du den Nebel der Emotionen lichten und klar die Straße vor dir sehen.

Die moderne Forschung hat die Kraft der Achtsamkeit entschlüsselt, und was sie zeigt, ist beeindruckend. Achtsamkeit ist kein flüchtiger Trend, sondern eine bewährte Praxis, die unsere Gedanken erdet, unsere Seele beruhigt und sogar unser Gehirn verändert.

Stell dir vor, dein Geist ist wie ein dicht befahrener Verkehrsknotenpunkt – Gedanken strömen aus allen Richtungen und verursachen Chaos. Achtsamkeit ist die Ampel, die den Verkehr lenkt, Klarheit schafft und dir den Raum gibt, bewusst zu atmen.

Durch regelmäßige Achtsamkeitspraxis lernst du, dich selbst besser zu verstehen. Du erkennst deine Gedankenmuster, Emotionen und Bedürfnisse klarer, was dir hilft, gesünder mit Herausforderungen umzugehen und deinem Leben eine bewusstere Richtung zu geben.

Achtsamkeit ist mehr als eine Technik; sie ist eine Kunst. Sie erinnert uns daran, dass das Leben in der Gegenwart pulsiert – nicht in der flüchtigen Vergangenheit, nicht in der nebulösen Zukunft. Es ist, als würdest du aus einem Zimmer voller Spiegel ins Freie treten, wo der Wind deine Haut streichelt und die Welt in all ihren Farben aufleuchtet.

Sei nicht der Träumer, der am Fenster steht und auf bessere Zeiten hofft. Sei der Tänzer, der die Bühne seines Lebens jetzt betritt und jede Bewegung bewusst gestaltet. Denn das Leben geschieht nicht anderswo oder irgendwann – es geschieht genau hier, genau jetzt.

„Die Zukunft beginnt nicht morgen –
sie wächst aus jedem bewussten Schritt, den du heute gehst."

Du stehst am Rand eines neuen Tages, am Beginn eines Kapitels, das noch nicht geschrieben ist. Die Zukunft mag ungewiss erscheinen, ein weites Feld voller Möglichkeiten und Fragen. Doch eines ist sicher: Sie beginnt nicht erst morgen – sie beginnt genau jetzt.

Jeder Schritt, den du in diesem Moment gehst, formt deine Richtung. Selbstfindung ist kein Ziel, das man eines Tages erreicht, sondern eine kontinuierliche Reise. Es geht nicht darum, eine feste Version von dir selbst zu definieren, sondern darum, dich immer wieder neu zu entdecken, mit jedem Tag, mit jedem Gedanken, mit jeder Erfahrung.

Die Vergangenheit hat dich geprägt, aber sie hält dich nicht fest. Sie ist ein Fluss, der hinter dir liegt, nicht ein Meer, in dem du ertrinken musst. Lass los, was dich begrenzt, und nimm mit, was dich stärkt.

Die Gegenwart ist dein Raum, dein Atemzug, dein Fundament. Nur wenn du sie bewusst lebst, kann die Zukunft sich entfalten – frei, flexibel und voller Möglichkeiten.

Lass die Vorstellung los, dass die Zukunft irgendwo weit entfernt auf dich wartet. Sie wächst aus dem, was du heute tust, denkst und entscheidest. Sie ist nicht ein fester Plan, sondern ein lebendiges Werden.

Visualisiere dein Wachstum

Stell dir vor, dass du in einem Jahr zurückblickst und erkennst, wie sehr du gewachsen bist – mental, emotional, persönlich. Was hast du gelernt? Welche Schritte haben dich hierhergebracht?

Handele im Jetzt

Finde eine kleine Handlung, die du heute tun kannst, um deiner Zukunft Raum zu geben. Ein Buch lesen, das dich inspiriert? Eine Fähigkeit üben, die dich weiterbringt? Einen Menschen kontaktieren, der dich unterstützt?

Freiraum für Möglichkeiten

Statt eine starre Liste von Zielen zu schreiben, notiere eine Sammlung von Träumen und Möglichkeiten. Nicht als Druck, sondern als Einladung. Formuliere es in Bildern: „Ich stelle mir vor, wie ich mit Leidenschaft das tue, was mich erfüllt und Freude bringt."

Zur Erinnerung: Morgen beginnt nicht erst morgen. Es beginnt mit dir – heute, in jedem Moment, mit jedem bewussten Schritt.

„Das Gestern ist Geschichte,
das Morgen ein Geheimnis,
aber das Heute ist ein Geschenk."
Eleanor Roosevelt

Du stehst an einer Kreuzung zwischen gestern und morgen. Die Vergangenheit ruft nach dir – mit Erinnerungen, Lektionen und vielleicht Wunden. Die Zukunft flüstert ihre Möglichkeiten, ihre Träume und ihre Unsicherheiten. Doch das Einzige, was du wirklich besitzt, ist das Jetzt.

Die Vergangenheit ist dein Lehrmeister. Sie hat dich geprägt, dir Wachstum geschenkt und dich herausgefordert. Aber sie ist nicht dein Zuhause. Sie ist eine Sammlung von Kapiteln in einem Buch, das bereits geschrieben wurde – du kannst darin blättern, aus ihm lernen, aber du darfst dich nicht darin verlieren. Jeder Tag, den du in der Vergangenheit verweilst, ist ein Tag, den du der Gegenwart stiehlst.

Die Zukunft ist ein unbeschriebenes Blatt. Sie soll keine festgelegte Route sein, sondern ein Feld der Möglichkeiten. Wenn du zu sehr an einem bestimmten Bild der Zukunft festhältst, erstickst du die Freiheit des Werdens. Sie ist eine Leinwand, die du erst dann bemalen kannst, wenn du den Pinsel in die Hand nimmst – hier und jetzt.

Das Leben im Hier und Jetzt bedeutet nicht, dass wir die Vergangenheit ignorieren oder die Zukunft nicht planen sollten. Es bedeutet vielmehr, uns nicht von diesen Gedanken beherrschen zu lassen, sondern die Fülle jedes Augenblicks bewusst zu erleben.

Wenn Gedanken an Vergangenes oder Zukünftiges auftauchen, erkenne sie bewusst an und lasse sie dann weiterziehen, wie Wolken am Himmel.

Die Selbstfindung beginnt in der Gegenwart. Wer du bist, ist kein statisches Konzept, sondern ein beständiger Prozess. Erkenne dich, akzeptiere deine Vergangenheit, lebe bewusst in deiner Gegenwart und lass die Zukunft sich entfalten, statt sie in feste Formen zu zwängen.

Die Reise beginnt heute. Du selbst bestimmst den nächsten Schritt – nicht durch das Festhalten an gestern oder das Fixieren auf morgen, sondern durch das bewusste Sein im Jetzt.

*Die Reise zu dir selbst ist eine Suche nach dem, was dich ausmacht –
ein Prozess des Entfaltens, nicht des Erfindens.*

*„Du brauchst nichts zu erschaffen, was nicht bereits in dir angelegt ist.
Wie ein Gärtner, der sorgsam ein verborgenes Samenkorn pflegt,
lässt du deine Einzigartigkeit erblühen.
Dabei erkennst du, dass es nicht nur darum geht,
Antworten zu finden, sondern auch, neue Fragen zu stellen.
Diese Fragen öffnen Türen zu neuen Perspektiven,
zu neuen Möglichkeiten, dein Leben mit bewusstem Sinn zu füllen.“*

Nicht die Antwort verändert dein Leben – sondern die Frage. Wer bist du? Nicht die Version von dir, die du nach außen zeigst. Nicht das, was andere in dir sehen. Sondern die Essenz, die unter den Schichten deiner Vergangenheit, deinen Prägungen, deinen Ängsten verborgen liegt.

Die Reise zu dir selbst ist keine Konstruktion. Du musst dich nicht neu erschaffen. Du musst nur entdecken, was längst in dir angelegt ist. Es ist wie ein Gärtner, der den Boden behutsam lockert, ein verborgenes Samenkorn findet und erkennt: Das Potenzial für Wachstum war immer da. Er muss es nicht erschaffen – er muss es pflegen, ihm Raum geben, ihm Licht schenken.

Und genauso ist es mit dir. Die Selbstfindung ist kein Ziel, das du irgendwann erreichst. Sie ist eine Expedition – eine fortwährende Suche nach den Fragen, die dein Leben lenken. Wer nur nach Antworten jagt, wird irgendwann feststellen: Sie verändern sich. Doch wer lernt, die richtigen Fragen zu stellen, öffnet Türen zu neuen Perspektiven, zu ungeahnten Möglichkeiten, sich und die Welt neu zu sehen.

Manchmal sind Gefühle schwer in Worte zu fassen. Sie kommen und gehen, hinterlassen Spuren, doch nicht immer lassen sie sich klar benennen. Ein Emotionstagebuch mit Symbolen oder Farben kann dir helfen, deine innere Welt sichtbar zu machen – ohne lange Sätze, einfach mit Zeichen, die deine Stimmung widerspiegeln.

Diese Methode ermöglicht es dir, mit wenig Aufwand Muster zu erkennen: Welche Emotionen tauchen immer wieder auf? Gibt es Farben, die deine Zufriedenheit ausdrücken? Symbole, die für Unruhe stehen? Indem du deine Gefühle täglich mit einem Zeichen festhältst, entsteht eine Landkarte deiner inneren Reise – ein wertvoller Wegweiser zu dir selbst.

Lass dir Zeit, entdecke deine eigenen Symbole, und vor allem: sei ehrlich mit dir. Alles darf sein, ohne Wertung. Was heute unklar scheint, kann morgen ein Schlüssel zu tiefem Verständnis sein.

Ein Symbol oder eine Farbe für deine Emotionen zu wählen, ist ein erster Schritt – doch die wahre Erkenntnis entsteht erst, wenn du die Stimmung mit den Ereignissen des Tages verbindest. War es ein Gespräch, das dich zum Lächeln gebracht hat? Eine unerwartete Herausforderung, die dich verunsichert hat?

Notiere neben deinem gewählten Symbol oder deiner Farbe einige Stichworte:

Was hat deine Emotion ausgelöst?

Gab es einen bestimmten Moment, der sie verstärkt hat?

Hat sich deine Stimmung im Laufe des Tages verändert?

Mit der Zeit wirst du Muster erkennen. Vielleicht taucht eine Farbe immer dann auf, wenn du mit bestimmten Menschen zusammen warst, oder ein Symbol, wenn du dir Zeit für dich selbst genommen hast. Diese kleine Reflexion gibt dir nicht nur einen Überblick über deine Gefühle, sondern hilft dir auch, bewusst Entscheidungen zu treffen, die dein Wohlbefinden beeinflussen.

Es geht nicht darum, alles analytisch zu durchleuchten, sondern vielmehr um eine sanfte Entdeckungsreise zu dir selbst – ohne Druck, ohne feste Regeln, einfach mit der Absicht, dich besser zu verstehen.

Nach einer Woche oder einem Monat beginnt sich ein Muster zu formen. Welche Farben tauchen immer wieder auf? Gibt es bestimmte Symbole, die deine Stimmung prägen?

Indem du deine täglichen Einträge betrachtest, kannst du Zusammenhänge erkennen. Wiederholt sich eine Farbe immer dann, wenn du Zeit für dich selbst hattest? Gibt es Symbole, die auftreten, wenn du herausgefordert wurdest? Dieses bewusste Wahrnehmen hilft dir, die Mechanismen hinter deinen Emotionen zu verstehen – und gezielt Einfluss darauf zu nehmen.

Die Reise zu dir selbst ist keine schnelle Analyse, sondern ein sanftes Entdecken. Deine Emotionen erzählen eine Geschichte, und mit der Zeit wird klarer, welche Kapitel sich wiederholen und wo neue Wege entstehen.

DAS SPIEL DER FRAGEN

Welche Überzeugungen habe ich übernommen,
die mich begrenzen?

Was begeistert mich so sehr,
dass ich darin Zeit und Raum vergesse?

Wenn ich mir erlaube,
ganz ich selbst zu sein – wie sieht mein Leben dann aus?

Was würde ich tun, wenn ich wüsste,
dass ich nicht scheitern kann?

Jede dieser Fragen ist eine Einladung. Nicht zu schnellen Antworten, sondern zu Reflexion, zu innerem Wachstum.

Manche werden dich herausfordern, andere werden sich zunächst unklar anfühlen. Doch je mehr du dich ihnen öffnest, desto tiefer wird deine Selbstwahrnehmung, desto klarer dein inneres Bild.

Deine innere Landkarte skizzieren

Nimm dir ein Blatt Papier. Zeichne darauf ein Symbol für dich selbst – egal ob eine Pflanze, ein Baum, ein Kompass oder einfach eine Linie, die sich weiterentwickelt. Dann schreibe um dieses Symbol herum Begriffe, die dich ausmachen: Werte, Leidenschaften, Träume, Sehnsüchte. Dies ist deine innere Landkarte – sie wird sich verändern, mit dir wachsen.

Eine Frage pro Tag

Wähle jeden Tag eine der oberen Fragen und denke darüber nach. Nicht um sie sofort zu beantworten, sondern um ihre Bedeutung in deinem Leben zu erforschen. Schreibe deine Gedanken dazu auf, spüre, was sie in dir auslösen.

Das Samenkorn freilegen

Gibt es etwas in dir, das du immer unterdrückt hast – eine Fähigkeit, eine Leidenschaft, einen Traum? Wenn ja, dann stelle dir eine einzige Frage: „Was ist der kleinste Schritt, den ich tun kann, um diesem Samenkorn Raum zum Wachsen zu geben?"

Die Reise beginnt jetzt. Du musst nichts neu erfinden – du darfst nur entdecken, was längst in dir lebt.

Bist du bereit, deinen inneren Garten zu pflegen?

Schreibe weitere Fragen auf und notiere dir dazu deine Gedanken.

Welche fünf Worte beschreiben mich heute am besten?

Welche Erfahrungen haben mich in den letzten Jahren besonders geprägt?

Welche Werte sind mir wichtig?

"Die mächtigsten Ketten sind die, die wir selbst schmieden –
aus Unsicherheiten und dem Gewicht der Erwartungen.

Man findet sich selbst nicht im Spiegel,
sondern im Mut, hinter die Reflexion zu blicken."

Die Welt ist ein Spiegellabyrinth, ein endloses Spiel aus Licht und Reflexion. Jeder Schritt zeigt uns verzerrte Bilder, Ideale, die nicht unsere eigenen sind.

Wir tanzen durch diese Gänge, gefangen in Projektionen, die uns täuschen. Spiegel werfen fremde Erwartungen zurück, prägen uns mit Rollen, die wir nie gewählt haben. Und während wir uns darin verlieren, vergessen wir, wer wir wirklich sind. Doch der Ausgang liegt nicht in weiteren Reflexionen, sondern im Mut, durch sie hindurchzusehen.

Stell dir vor, jenseits dieser glänzenden Oberflächen wartet eine Welt ohne Täuschung, ein Raum, der dir allein gehört – klar, unverstellt, echt. Warum sich mit Spiegelbildern zufriedengeben, wenn deine eigene Essenz jenseits des Glases liegt?

Denn wenn wir nur die Bilder annehmen, die andere uns zeigen, leben wir ein Leben, das nicht wirklich unser ist. Der Schlüssel liegt nicht im Schein, sondern im Sein.

Was passiert, wenn wir innehalten, tief einatmen und den Blick hinter die Spiegel richten? Vielleicht entdecken wir dort den Ort, an dem wir frei sind – ungefiltert, unbeeinflusst, endlich wir selbst.

Eine Wahrheit ohne Illusion.

Wage den Schritt, nicht für den Beifall der Zuschauer,
sondern für den Klang deiner eigenen Stimme.

Wenn wir den Mut finden, nicht nur die glänzenden Oberflächen zu betrachten, sondern unseren eigenen Weg zu gehen, können wir das Labyrinth hinter uns lassen – frei, authentisch und mit einem klaren Blick nach vorne.

Du kannst die Täuschung durchbrechen. Die Spiegel, die nur das Außen reflektieren, beginnen zu verblassen, und in ihrem Schwinden wird eine neue Wahrheit sichtbar:

„Ich darf so sein, wie ich wirklich bin."
„Meine Gedanken haben keine Grenzen."
„Ich bin geliebt – bedingungslos."

Mit jedem Schritt, den wir mutig gehen, fällt ein Teil des alten Netzes. Das Labyrinth verliert seine Macht, während wir endlich beginnen, unser wahres Selbst zu erkennen – frei, grenzenlos, geliebt.

Diese Übung hilft dir, die Spiegel zu entlarven und das zu erkennen, was unverfälscht und echt ist – dein wahres Selbst.

Reflexion statt Reflex:
Nimm dir einen Moment Zeit und schreibe auf, welche äußeren Erwartungen dich besonders beeinflussen. Sind es gesellschaftliche Ideale, familiäre Vorgaben oder Dinge, die du dir selbst auferlegt hast?

Die Wahrheit hinter der Reflexion:
Jetzt hinterfrage jeden dieser Sätze. Woher kommt diese Erwartung? Ist sie wirklich deine eigene oder ein Spiegelbild fremder Vorstellungen? Welche Gefühle löst sie in dir aus?

Die eigene Essenz aufspüren:
Schreibe daneben, was **DU** wirklich willst. Wie würdest du handeln, wenn diese Spiegelbilder keine Rolle spielen würden? Welche Werte und Wünsche prägen dich unabhängig von äußeren Einflüssen?

Der mutige Blick hinter das Glas:
Stelle dir bildlich vor, wie du die Spiegel durchbrichst und einen Raum betrittst, in dem nur du zählst – keine fremden Vorgaben, keine verzerrten Projektionen. Beschreibe diesen Raum: Wie fühlt er sich an? Was ist dort möglich?

„Ein „Nein" ist kein Ende, sondern der Anfang von Freiheit –
ein Flüstern der Seele, das sagt:
Hier bin ich, und hier bleibe ich."

Es beginnt leise. Eine kleine Bitte, eine harmlose Frage, ein flüchtiger Moment, in dem wir eigentlich „Nein" sagen wollen – und doch ertappen wir uns dabei, wie das Wort uns auf der Zunge vergeht. Wir nicken, lächeln und geben nach. Wieder. Und wieder. Doch jedes unausgesprochene „Nein" ist nicht einfach ein verpasster Moment, sondern ein Stück von uns selbst, das wir abgeben.

Die Wurzeln der Nachgiebigkeit

Wir wachsen in einer Welt auf, in der „Nein" oft mit Unhöflichkeit oder Ablehnung gleichgesetzt wird. Schon als Kinder lernen wir, dass ein freundliches „Ja" Lob bringt, während ein „Nein" auf Widerstand stößt. Eltern, Lehrer, Freunde – alle bevorzugen das Kind, das sich anpasst, das keine Probleme macht. So verinnerlichen wir die Idee, dass unser Wert an Zustimmung geknüpft ist.

Doch genau hier beginnt das Problem: Wenn wir nie lernen, Grenzen zu setzen, verlieren wir uns selbst. Wir verwechseln Anpassung mit Akzeptanz und glauben, dass unsere eigenen Wünsche und Bedürfnisse weniger wichtig sind als die Erwartungen anderer.

Psychologisch gesehen ist das ständige Nachgeben ein schleichendes Gift. Jeder Moment, in dem wir gegen unser eigenes Bauchgefühl handeln, schwächt unser Selbstvertrauen. Wir fühlen uns ausgelaugt, fremdgesteuert, manchmal sogar wütend – aber nicht auf andere, sondern auf uns selbst.

Langfristig führt dieses Verhalten zu innerer Zerrissenheit:

Erhöhte Stresslevel:
Das ständige Befriedigen fremder Bedürfnisse auf Kosten der eigenen führt zu mentaler Erschöpfung.

Schwächung des Selbstwertgefühls:
Wer nie für sich selbst einsteht, verliert das Vertrauen in die eigene Entscheidungsfähigkeit.

Emotionale Überlastung:
Die unterschwellige Frustration staut sich und kann zu Ängsten oder sogar Depressionen führen.

Wir denken, wir seien „nett", aber in Wahrheit unterdrücken wir unser eigenes Wohlbefinden. Und genau das macht uns nicht glücklicher – sondern machtloser.

Doch hier kommt die gute Nachricht: „Nein" sagen kann gelernt werden. Es ist keine unhöfliche Ablehnung, sondern eine respektvolle Selbstbehauptung. Es ist der Moment, in dem wir nicht gegen andere kämpfen, sondern für uns selbst einstehen.

Ein bewusstes „Nein" ist ein Ja zu uns selbst.

Es ist ein Versprechen, unsere eigenen Grenzen zu respektieren.

Es ist der erste Schritt in ein Leben, das uns gehört.

Denn am Ende ist es nicht das „Ja", das uns voranbringt –
sondern die Fähigkeit, das richtige „Nein" zu sprechen.

Es ist der Moment, in dem wir erkennen, dass wir nicht dazu da sind, Erwartungen blind zu erfüllen, sondern unsere eigene Wahrheit zu leben. Ein „Nein" kann zunächst beängstigend wirken, wie ein Schritt ins Ungewisse. Doch mit jedem Mal, mit jeder bewussten Entscheidung für uns selbst, wächst unsere Stärke. Wir kehren zurück zu unseren Wurzeln, dorthin, wo unser Wesen unverfälscht existiert – frei von äußeren Zwängen, getragen von echtem Selbstbewusstsein.

Sich selbst zu erkennen bedeutet, mutig hinzusehen, sich mit den eigenen Ängsten auseinanderzusetzen und dabei das eigene Potenzial freizulegen. Es ist ein Prozess, manchmal schmerzhaft, manchmal befreiend – doch immer wahrhaftig. Denn erst wenn wir uns selbst in unserer Tiefe verstehen, können wir mit Klarheit nach vorne gehen.

Das Nein ist kein Ende, sondern ein Anfang. Der Beginn eines Lebens, das nicht länger von Kompromissen geprägt ist, die uns schwächen, sondern von Entscheidungen, die uns stärken. Es ist ein Weg zurück zu uns selbst – und vorwärts in eine Zukunft, die uns wirklich gehört.

DER BALANCEAKT ZWISCHEN ENGAGEMENT UND SELBSTFÜRSORGE

Jeder von uns kennt das: Der Wunsch, zu helfen, verbindet uns mit anderen. Es macht uns menschlich und lässt uns tiefer in unsere Gemeinschaften hineinwachsen. Doch was geschieht, wenn der Wunsch, Unterstützung zu leisten, zur Last wird? Wenn jede Bitte, jeder Auftrag – beruflich wie privat – zu einem unübersichtlichen Berg anwächst, der uns erdrückt? Es gibt Momente, in denen „Nein" sagen kein Egoismus ist, sondern ein notwendiger Schritt, um die Balance zwischen Selbstfürsorge und Engagement zu wahren.

Das Leben ist kein Sprint, sondern ein Marathon, und die Fähigkeit, Grenzen zu setzen, ist wie das Anhalten an der Wasserstation: unverzichtbar, um weiterlaufen zu können.

Für viele von uns ist das Wort „Nein" mit Schuldgefühlen verbunden. Wir befürchten, egoistisch oder unhöflich zu wirken, denken vielleicht sogar, dass wir die Beziehung zu anderen gefährden könnten. Doch oft entspringt diese Schwierigkeit einer positiven Eigenschaft: der Bereitschaft, andere zu unterstützen und Teil von etwas Größerem zu sein. Und doch verwandelt sich diese Tugend schnell in eine Schwäche, wenn wir keine Grenzen ziehen.

Ein Gedanke:

Was würde passieren, wenn du dich selbst genauso umsorgst, wie du es bei anderen tust? Das Nein ist kein Zeichen von Ablehnung, sondern ein Signal an dich selbst, dass auch du – wie jeder andere – deine Ressourcen schützen darfst.

GRENZEN SETZEN MIT LEICHTIGKEIT

Der Prüfstein der Prioritäten

Stell dir vor, deine To-do-Liste ist wie eine vollgepackte Schale. Für jede neue Aufgabe, die du annimmst, muss etwas herausgenommen werden. Bevor du zustimmst, frage dich: „Welche meiner Prioritäten würde ich aufgeben, um Platz dafür zu schaffen?" Wenn du nichts streichen möchtest, könnte das ein Zeichen sein, dass ein Nein angebracht ist

Nimm dir 5 Minuten Zeit und schreibe deine aktuelle Prioritätenliste auf. Markiere, was für dich am wichtigsten ist, und was eventuell warten könnte. Das visuelle Bild hilft dir, bewusst Entscheidungen zu treffen.

Das empathische Nein

Ein „Nein" kann wie ein Sturm wirken – auf andere, aber auch auf uns selbst. Die Angst vor Ablehnung, die Sorge, nicht genug zu sein, die Unsicherheit, ob wir richtig handeln. Doch wer Gelassenheit kultiviert, lernt, dass ein „Nein" nicht hart oder abweisend sein muss. Es kann ruhig sein, klar, voller Selbstvertrauen. Es ist die Kunst, Grenzen zu setzen, ohne Mauern zu bauen – und dabei die eigene innere Ruhe zu bewahren.

Ein Nein muss nicht kalt oder abweisend sein. Es ist möglich, gleichzeitig höflich und bestimmt zu bleiben. Formuliere dein Nein wie folgt:

Anerkennung: „Ich verstehe, wie wichtig das ist."

Deine Grenze: „Leider habe ich momentan nicht die Kapazität, das zu übernehmen."

Alternative anbieten (falls möglich): „Vielleicht könnte XY helfen, oder wir könnten zu einem späteren Zeitpunkt darüber sprechen?"

Übung: Übe vor einem Spiegel, einfühlsame, aber klare Sätze zu formulieren. So wirst du sicherer, wenn der Moment kommt, sie anzuwenden.

Mini-Auszeiten planen: Auch Helfer brauchen Zeit für sich. Plane bewusst kleine Auszeiten in deinem Kalender ein – genauso verbindlich wie ein Meeting oder ein Termin. Diese Momente sind deine Energiequelle.

Setze dir das Ziel, diese Woche mindestens zwei solcher „Ich-Zeiten" einzuplanen. Nutze sie für etwas, das dir Freude macht – ganz ohne schlechtes Gewissen.

Denk an dich, ohne die Welt zu vergessen

„Nein" zu sagen bedeutet nicht, den anderen den Rücken zu kehren. Es bedeutet, bei sich selbst anzukommen und die eigene Mitte zu wahren. Es ist wie ein Fluss, der sich nicht unendlich verzweigen kann – nur wenn er seinen Lauf behält, bleibt seine Kraft erhalten. Indem wir auf uns selbst achten, schaffen wir die Grundlage, um anderen mit echtem Engagement und Stärke begegnen zu können.

Wenn der Druck steigt, wenn Erwartungen auf uns einprasseln, wenn wir uns zwischen Pflichtgefühl und Selbstachtung hin- und hergerissen fühlen – dann ist unser Atem oft das Erste, was sich verändert. Er wird flach, hektisch, unruhig. Doch genau hier liegt der Schlüssel zur

Gelassenheit: Wer bewusst atmet, kann sich selbst beruhigen, kann Klarheit schaffen, kann sich aus dem Strudel der Überforderung lösen.

Die 4-7-8-Technik:

Atme **vier Sekunden** tief ein, halte den Atem **sieben Sekunden,** lasse ihn dann **acht Sekunden** langsam ausströmen. Diese Technik beruhigt das Nervensystem und hilft, in stressigen Momenten einen klaren Kopf zu bewahren.

Achtsamkeits-Scan:

Schließe die Augen und spüre bewusst in deinen Körper hinein. Wo sitzt die Anspannung? Wo fühlst du Druck? Atme gezielt in diese Bereiche hinein und stelle dir vor, wie du mit jedem Atemzug mehr Raum für Gelassenheit schaffst.

Viele verwechseln Gelassenheit mit Gleichgültigkeit. Doch wahre Gelassenheit ist nicht das Fehlen von Emotionen – sie ist die bewusste Entscheidung, sich nicht von ihnen überwältigen zu lassen.

Gelassenheit bedeutet nicht, sich zurückzuziehen, sondern mit Klarheit zu handeln. Es ist die Fähigkeit, „Nein" zu sagen, ohne Schuldgefühle. Es ist die Kunst, sich nicht von äußeren Erwartungen treiben zu lassen, sondern aus innerer Überzeugung zu handeln.

Ein ruhiges „Nein" ist oft kraftvoller als ein lautes „Ja". Es zeigt, dass wir unsere Grenzen kennen, dass wir uns selbst achten, dass wir nicht aus Angst oder Unsicherheit handeln, sondern aus Klarheit.

Die „Ich bin genug"-Meditation:

Setze dich bequem hin, schließe die Augen und wiederhole innerlich:

„Ich bin genug. Meine Grenzen sind wertvoll.
Mein Nein ist genauso wichtig wie mein Ja."

Spüre, wie sich mit jedem Satz dein Selbstbewusstsein festigt.

Visualisiere deine Stärke:

Stelle dir vor, du stehst fest verwurzelt wie ein Baum. Deine Wurzeln reichen tief, deine Äste breiten sich aus. Du bist stabil, du bist klar, du bist ruhig. Egal, welcher Wind weht – du bleibst in deiner Mitte.

Atme tief ein und stelle dir vor, wie du mit jedem Atemzug mehr Raum für Gelassenheit schaffst. Beim Ausatmen lasse alle Unsicherheiten los. Wiederhole dies einige Minuten, bis du spürst, wie Ruhe in dir wächst.

Gelassen „Nein" zu sagen ist keine Schwäche – es ist eine Stärke. Es ist die Fähigkeit, sich selbst treu zu bleiben, ohne sich zu rechtfertigen. Es ist die Kunst, Grenzen zu setzen, ohne Angst vor Ablehnung. Und genau darin liegt die wahre innere Ruhe.

VON SCHULDGEFÜHLEN ZU SELBSTVERTRAUEN

Schuldgefühle sind wie Schatten, die uns auf Schritt und Tritt begleiten. Sie flüstern uns ein, dass wir nicht genug tun, dass unsere Entscheidungen falsch sind, dass unser „Nein" einen anderen verletzt. Doch was, wenn Schuld nicht unser Gewissen schärft, sondern unsere Kraft raubt? Was, wenn wir lernen könnten, uns nicht an der Last der Schuld zu messen, sondern an der Tiefe unseres Selbstvertrauens?

Das unsichtbare Gewicht –
Schuldgefühle können unser inneres Gleichgewicht stören.

Schuld ist wie ein Rucksack voller Steine, den wir unbewusst mit uns tragen. Jedes „Ja", das wir wider besseren Wissens sagen, legt einen neuen Stein hinein. Jede Grenze, die wir nicht setzen, weil wir Angst haben, jemanden zu enttäuschen, macht ihn schwerer. Irgendwann spüren wir die Last – als Unruhe, als Erschöpfung, als das vage Gefühl, uns selbst zu verlieren.

Doch was passiert, wenn wir den Rucksack absetzen? Wenn wir uns erlauben, ihn zu öffnen und die Steine zu betrachten? Viele von ihnen gehören gar nicht uns. Es sind Erwartungen, alte Muster, Sorgen um das Wohl anderer, die wir zu unserer eigenen Verantwortung gemacht haben. Die Erkenntnis, dass Schuld nicht immer gerechtfertigt ist, dass sie nicht immer zu uns gehört, ist der erste Schritt zur Befreiung.

Grenzen setzen ohne Schuld ist die Kunst, sich selbst treu zu bleiben.

Sich abzugrenzen bedeutet nicht, andere wegzustoßen. Es bedeutet, sich selbst zu wahren, wie ein Fluss, der seinen Lauf behalten muss, um nicht ins Nichts zu versickern. Grenzen sind keine Mauern, sondern Wegweiser: Sie zeigen uns und anderen, wo unsere Kräfte liegen und wo sie enden.

Die Kunst, „Nein" zu sagen, ohne Schuldgefühle, beginnt mit einer inneren Überzeugung: Wenn ich mich selbst schütze, schütze ich auch meine Fähigkeit, für andere da zu sein. Es ist wie ein Baum, der seine Äste nur so weit ausbreiten kann, wie seine Wurzeln ihn tragen. Wer sich über seine eigenen Bedürfnisse hinwegsetzt, mag kurzfristig gefallen – doch auf lange Sicht verliert er sich selbst.

Worte haben Macht. Das wissen wir aus jeder Begegnung, in der ein einziger Satz uns zutiefst verletzt – oder ermutigt hat. Warum also nicht diese Kraft für uns selbst nutzen?

Positive Affirmationen sind wie Anker im Sturm. Sie helfen uns, neue Überzeugungen zu formen, unsere Unsicherheiten zu durchbrechen. Statt „Ich bin egoistisch, wenn ich Nein sage" könnte eine Affirmation lauten:

„Meine Bedürfnisse sind genauso wichtig wie die der anderen."

Statt „Ich enttäusche Menschen" könnte sie heißen:

„Ich darf mich selbst schützen, ohne meine Liebe zu verlieren."

Wiederholt man solche Sätze täglich, beginnen sie sich in unser Denken einzubrennen – und verändern unsere innere Haltung nachhaltig.

Selbstvertrauen ist kein plötzlicher Sprung ins Unbekannte, sondern eine Brücke, die wir Schritt für Schritt bauen.

Schuldgefühle müssen nicht unser ständiger Begleiter sein. Sie sind kein unausweichliches Urteil über unseren Charakter, sondern eine Einladung, unsere inneren Grenzen zu erkennen. Wer sich selbst mit Klarheit begegnet, findet nicht nur die Freiheit, „Nein" zu sagen, sondern auch die Kraft, mit aufrichtigem Herzen „Ja" zu sich selbst zu sprechen.**---

*„Das Leben findet seine wahre Erfüllung in der harmonischen
Balance zwischen Geben und Nehmen,
die uns mit anderen und uns selbst verbindet."*

Das Leben ist ein Kreislauf aus Geben und Nehmen – eine feine Balance, die über unser Wohlbefinden entscheidet. Manche Menschen geben unermüdlich, tragen die Last der Welt auf ihren Schultern, bis sie selbst unter ihr zusammenbrechen. Andere nehmen, ohne zurückzugeben, und spüren dennoch eine innere Leere. Doch wahre Fülle entsteht erst dann, wenn beide Kräfte im Einklang sind. Es geht nicht um Berechnung, sondern um das bewusste Gefühl von Verbundenheit – mit anderen und mit uns selbst.

Viele sehen Karma als eine Art kosmische Belohnung: Tue Gutes, und Gutes wird zu dir zurückkommen. Doch wahres Karma ist kein Punktesystem, kein Bankkonto, das sich durch gute Taten füllt. Es ist vielmehr ein Spiegel dessen, was wir in die Welt tragen.

Wenn wir mit Aufrichtigkeit geben – sei es durch Unterstützung, Zeit, Liebe oder Wissen – verstärken wir eine Energie, die nicht nur andere berührt, sondern auch uns selbst formt. Doch wahres Geben geschieht aus Freiwilligkeit, nicht aus Erwartung. Wer hilft, um Anerkennung zu ernten, hinterlässt keinen echten Abdruck im Universum, sondern nur einen flüchtigen Eindruck in den Augen anderer.

Geben bedeutet nicht, sich selbst zu erschöpfen. Es ist wie eine Quelle: Nur wenn sie stetig gespeist wird, kann sie fließen. Viele verlieren sich im Wunsch, für andere da zu sein, vergessen aber, dass ihre eigene Energie begrenzt ist. Großzügigkeit ohne Selbstachtung führt nicht zu mehr Verbindung, sondern zu innerer Erschöpfung.

Die wahre Kunst liegt darin, bewusst zu wählen:

Wann gebe ich aus Liebe, wann aus Pflichtgefühl?
Wann helfe ich, weil es mich erfüllt, und wann,
weil ich Angst habe, nein zu sagen?

Sich selbst achtsam abzugrenzen ist kein Egoismus, sondern die Voraussetzung für echte Großzügigkeit. Nur wer sich selbst bewahrt, kann dauerhaft für andere da sein.

Um herauszufinden, ob dein persönliches Geben und Nehmen im Einklang ist, stelle dir folgende Fragen:

Wann fühle ich mich erfüllt beim Helfen – und wann ausgelaugt?

Gebe ich aus Liebe oder aus Angst vor Ablehnung?

Habe ich genauso viel Raum für meine eigenen Bedürfnisse wie für die der anderen?

Kann ich Hilfe annehmen, ohne mich schuldig zu fühlen?

Manchmal liegt Balance nicht darin, mehr zu tun, sondern im bewussten Loslassen. Geben ist wertvoll, doch ebenso wichtig ist es, mit offenem Herzen empfangen zu können.

Wahre Großzügigkeit beginnt dort, wo wir geben, ohne uns zu verlieren. Wahre Fülle entsteht dort, wo wir nehmen, ohne uns zu rechtfertigen. Und genau in dieser Mitte liegt die Kraft eines erfüllten Lebens.

„Lasten wachsen, Tag für Tag, ein stummer Ruf, der Hilfe mag.
Zwischen Wollen, zwischen Müssen,
lernt das Herz, sich selbst zu schützen. "

Überforderung entsteht nicht allein durch Chaos, sondern oft durch die Schwierigkeit, Grenzen zu setzen, Erwartungen zu erfüllen und sich selbst Raum zu geben. Es ist ein Zusammenspiel aus äußeren Pflichten und inneren Konflikten, das nach Balance ruft.

Das Leben fühlt sich manchmal an wie ein überfüllter Raum – stapelweise Verpflichtungen, To-do-Listen, die nie kürzer werden, und ein endloses Gefühl der Erschöpfung. Wir rennen von Aufgabe zu Aufgabe, in der Hoffnung, irgendwann „fertig" zu sein, doch das Ziel scheint sich ständig zu verschieben. Überforderung ist kein Zeichen von Unfähigkeit, sondern oft von einem fehlenden System.
Zeit, aufzuräumen.

Eine To-do-Liste ist wie ein Einkaufswagen, in den wir ständig Dinge werfen – manchmal bewusst, oft beiläufig. Doch anstatt gezielt das auszuwählen, was wirklich wichtig ist, laufen wir mit einem überladenen Wagen durch den Alltag, unfähig, das Wesentliche zu erkennen.

Der erste Schritt zur Befreiung: Nimm dir Zeit, deine Liste kritisch zu betrachten. Welche Aufgaben sind wirklich notwendig? Welche hast du nur aus Pflichtgefühl notiert? Was bringt dich tatsächlich deinen Zielen näher – und was ist nur Füllmaterial? Eine realistische Liste sollte nicht deine Kraft rauben, sondern dich leiten.

Nicht jede Aufgabe verdient die gleiche Aufmerksamkeit. Manche Dinge sind dringend, andere wichtig – und oft verwechseln wir beides. Das Eisenhower-Prinzip trennt Aufgaben in vier Kategorien:

1. Dringend & wichtig: Sofort erledigen.

2. Wichtig, aber nicht dringend: Terminieren und planen.

3. Dringend, aber nicht wichtig: Delegieren.

4. Weder wichtig noch dringend: Streichen.

Ebenso hilft die **Pareto-Regel (80/20-Prinzip)**, den Fokus zu schärfen. Sie besagt, dass 80 % der Ergebnisse mit 20 % der richtigen Tätigkeiten erreicht werden. Statt blind jede Aufgabe abzuarbeiten, frage dich: Welche wenigen Tätigkeiten haben den größten Effekt? Setze genau dort an.

Setze dich hin und stelle dir vor, wie dein Tag aussehen würde, wenn du ihn vollkommen stressfrei gestalten könntest.

Morgens:
Wie würdest du den Tag beginnen?
Was gibt dir Energie?

Arbeit & Aufgaben:
Welche Tätigkeiten sind essenziell?
Welche könntest du minimieren oder delegieren?

Freizeit:
Was würdest du tun, wenn du mehr Zeit hättest?

Abends:
Was würde dir helfen, den Tag entspannt ausklingen zu lassen?

Vergleiche dein „perfektes Szenario" mit deiner aktuellen Realität – und streiche bewusst die Aufgaben, die nicht zu deinem Wohlbefinden beitragen.

Dein Alltag muss keine endlose Liste von Pflichten sein.
Wer entrümpelt, schafft Platz für das, was wirklich zählt –
nicht nur in der To-do-Liste, sondern im ganzen Leben.

„Lass los, vergleiche nicht, beweise dich nicht – fließe einfach."

Wir verbringen so viel Zeit damit, anderen zu gefallen. Wir sehnen uns nach Anerkennung, doch oft bleibt ein Gefühl der Leere zurück.

Beobachte einen Fluss
und lass dich von seinem Lauf inspirieren.
Er fließt, frei von Vergleichen,
ohne sich beweisen zu müssen.
Und genau das wollen wir – einfach fließen.

Der Fluss in uns ist der innere Reichtum, der uns trägt, wenn wir aufhören, gegen den Strom der äußeren Erwartungen zu schwimmen.

Es beginnt oft wie ein leises Flüstern. Ein flüchtiger Blick über den Gartenzaun – zu den Nachbarn, zu Kollegen, zu Fremden auf Social Media. Ihr Leben scheint heller, größer, erfolgreicher. „Warum bin ich nicht da, wo sie sind?" fragen wir uns. Doch dieses Spiel des Vergleichs ist wie ein trügerisches Labyrinth: Je mehr wir uns darin verlieren, desto weiter entfernen wir uns von uns selbst und unserem inneren Reichtum.

Die Welt hat eine seltsame Art, Erfolg zu definieren. Ein großes Haus, ein prestigeträchtiger Job, eine perfekte Familie – das alles sind äußere Symbole, die oft wie ein prachtvolles Bühnenbild erscheinen – Eindrucksvoll auf den ersten Blick, aber dahinter oft nur leere Konstruktion.

Hinter der perfekten Fassade verbirgt sich oft Unsicherheit oder Erschöpfung, weil der äußere Erfolg niemals das ersetzen kann, was im Inneren fehlt: Ruhe, Zufriedenheit, Sinn.

Ein Kind wurde einmal gefragt: „Was macht dich glücklich?" Es antwortete: „Wenn die Sonne scheint und ich mit meinen Freunden spiele." Kein Besitz, kein Titel. Nur ein Moment reiner Freude. Die kindliche Weisheit erinnert uns daran, dass wahrer Erfolg im Fühlen liegt, nicht im Haben.

Wer hat festgelegt, dass das Streben nach Glück eine Liste von Aufgaben ist, die man abarbeiten muss? Ist es nicht auch der sanfte Windhauch eines Sommertags oder das leise Lachen eines Kindes, das uns daran erinnert, was wirklich zählt?

Stell dir vor, du trägst einen Rucksack, schwer beladen mit den Erwartungen und Maßstäben anderer. Jeder Schritt in diesem Labyrinth wird mühsamer, die Freude am eigenen Weg schwindet. Doch was wäre, wenn du den Rucksack einfach abstellst? Wenn du innehalten und erkennen würdest, dass dein Wert nicht in dem liegt, was andere sehen.

Der Weg zum inneren Reichtum

Wie aber kultiviert man diesen inneren Reichtum? Es beginnt mit kleinen, bewussten Schritten. Die stille Freude, ein Buch zu lesen, das uns inspiriert. Die tiefe Zufriedenheit, einen Abend in Ruhe zu verbringen, anstatt sich in gesellschaftliche Erwartungen zu pressen. Die ehrliche Begegnung mit sich selbst in Momenten der Stille.

Am Ende ist innerer Reichtum der Schatz,
den niemand sehen und doch jeder spüren kann.
Er ist das Licht in deinen Augen,
wenn du mit dir selbst im Reinen bist.
Er ist die Gelassenheit, die dich durch schwere Zeiten trägt.
Er ist die Freude, die dich erfüllt, wenn du erkennst,
dass du genug bist – genau so, wie du bist.

Das Leben ist ein Garten. Wenn du dich darauf konzentrierst, deinen eigenen zu pflegen, statt den der anderen zu bewundern, wird er blühen – nicht, um Eindruck zu machen, sondern um dich mit seiner Schönheit zu erfreuen. Denn am Ende ist es nicht der Vergleich mit anderen, der uns erfüllt. Es ist die Verbindung mit uns selbst.

Wende deinen Blick von außen nach innen und erinnere dich, dass der größte Reichtum bereits in dir liegt. Es ist der Schatz, den kein Mensch dir nehmen kann und der dich immer begleiten wird – ein innerer Kompass, der dich auf deinem eigenen, einzigartigen Weg führt.

Hier ist eine Übung, die dir helfen kann, den „Rucksack" der äußeren Einflüsse bewusst zu machen und zu sortieren, was wirklich zu dir gehört – und was du loslassen kannst:

Suche dir einen ruhigen Ort, an dem du ungestört bist. Nimm ein Notizbuch oder ein leeres Blatt Papier und einen Stift.

Schaffe dir eine Atmosphäre, in der du dich wohl fühlst – eine Kerze, beruhigende Musik oder einfach nur Stille.

Den Rucksack visualisieren:

Schließe die Augen und stelle dir deinen imaginären Rucksack vor. Wie sieht er aus? Ist er alt oder neu? Leicht oder schwer? Stelle dir vor, wie du ihn abstellst und öffnest. Er ist gefüllt mit Dingen, die für Erwartungen und äußere Einflüsse stehen.

Die Gegenstände benennen:

Schreibe auf, was sich in deinem Rucksack befindet. Überlege bei jedem „Gegenstand", was er symbolisiert:

Welche Erwartungen von anderen trägst du mit dir herum? (z.B. „Ich muss immer perfekt sein.")

Welche Maßstäbe oder Rollen wurden dir auferlegt? (z.B. „Ich muss stark sein und darf keine Schwäche zeigen.")

Welche Ängste oder Glaubenssätze hast du übernommen? (z.B. „Ich darf keine Risiken eingehen, sonst scheitere ich.")

Bewerten und prüfen:

Betrachte jeden Eintrag einzeln und stelle dir folgende Fragen:
Gehört das wirklich zu mir?
Hilft mir das, zu wachsen, oder hält es mich zurück?
Kommt diese Erwartung von mir selbst oder von anderen?

Loslassen:

Entscheide bewusst, welche dieser „Gepäckstücke" du nicht mehr tragen möchtest. Stelle dir vor, wie du sie wieder in den Rucksack legst und ihn dann stehen lässt. Du kannst dir auch vorstellen, wie du die Last abwirfst, indem du den Rucksack symbolisch wegschickst – in einem Fluss treiben lässt oder in den Wind wirfst.

Deinen eigenen Raum schaffen:

Schreibe zum Abschluss auf, welche Werte und Überzeugungen wirklich DEINE sind.

Was zählt für dich?
Was macht dich aus, wenn niemand zuschaut?

Diese Übung erinnert dich daran, dass dein Wert und dein Weg nicht von den Erwartungen anderer bestimmt werden, sondern von dem, was du selbst für richtig hältst.

IMPATHIE
DIE KUNST, SICH SELBST ZU VERSTEHEN

„Impathie ist das Flüstern des Herzens, das uns erinnert:
Wer sich selbst versteht, findet die Kraft, wahrhaftig zu leben."

Es gibt eine Fähigkeit, die oft übersehen wird, obwohl sie unser Leben grundlegend verändern kann: Impathie.

Während Empathie uns lehrt, andere zu fühlen, ist Impathie die Fähigkeit, uns selbst mit Mitgefühl und Klarheit zu begegnen. Sie ist der Schlüssel zu innerer Stärke, zu gesunden Grenzen und zu einem Leben, das wirklich uns gehört.

Wir wachsen in einer Welt auf, die uns lehrt, für andere da zu sein. „Sei empathisch", heißt es. „Verstehe die Gefühle der Menschen um dich herum." Doch wer lehrt uns, uns selbst zu verstehen? Wer zeigt uns, dass wir nicht nur für andere, sondern auch für uns selbst Mitgefühl empfinden dürfen?

Impathie ist die Fähigkeit, die eigenen Emotionen wahrzunehmen, sie anzunehmen und mit ihnen zu arbeiten, anstatt sie zu ignorieren oder zu unterdrücken. Sie ist das bewusste Innehalten, das Fragenstellen:

„Was fühle ich gerade?
Warum reagiere ich so?
Was brauche ich wirklich?"

Empathie und Impathie sind keine Gegensätze, sondern ergänzen sich. Empathie richtet den Blick nach außen. Sie hilft uns, andere zu verstehen, ihre Emotionen nachzuvollziehen und mit ihnen mitzufühlen. Impathie richtet den Blick nach innen. Sie lehrt uns, unsere eigenen Gefühle zu erkennen, sie wertzuschätzen und für uns selbst einzustehen.

Wer nur empathisch ist, läuft Gefahr, sich selbst zu verlieren. Wer nur impathisch ist, könnte sich von anderen abkapseln. Die wahre Kunst liegt in der Balance – in der Fähigkeit, sowohl für andere als auch für sich selbst da zu sein.

Ein Leben ohne Impathie ist wie ein Boot ohne Anker. Wir treiben von einer Erwartung zur nächsten, sagen „Ja", wenn wir „Nein" meinen, und verlieren uns in den Bedürfnissen anderer.

Doch wer Impathie entwickelt, gewinnt:

Innere Klarheit – Wer sich selbst versteht, trifft bessere Entscheidungen.

Gesunde Grenzen – Impathie hilft uns, „Nein" zu sagen, wenn es nötig ist.

Emotionale Resilienz – Wer sich selbst mit Mitgefühl begegnet, kann mit Herausforderungen besser umgehen.

Authentizität – Impathie erlaubt uns, echt zu sein, ohne uns zu verbiegen.

Impathie ist mehr als Selbstfürsorge. Sie ist eine Lebenshaltung, die uns befähigt, unser volles Potenzial zu entfalten. Wer sich selbst versteht, kann:

Sich von alten Mustern lösen – Wir erkennen, wo wir uns selbst sabotieren und können bewusst neue Wege gehen.

Bessere Beziehungen führen – Wer sich selbst achtet, zieht Menschen an, die ihn ebenfalls achten.

Erfüllung finden – Impathie hilft uns, herauszufinden, was uns wirklich glücklich macht.

Impathie ist keine angeborene Fähigkeit, sondern eine, die wir kultivieren können. Sie beginnt mit kleinen Schritten:

Selbstbeobachtung – Sich bewusst fragen:
„Wie geht es mir gerade wirklich?"

Akzeptanz – Gefühle nicht bewerten, sondern annehmen.

Selbstmitgefühl – Sich selbst so behandeln, wie man einen guten Freund behandeln würde.

Denn am Ende ist Impathie nicht nur ein Akt der Selbstliebe – sie ist die Grundlage für ein Leben, das uns gehört.

„Das Rad der inneren Zufriedenheit" dient als visueller Leitfaden, der die verschiedenen Wege hin zu mehr Balance und Lebensfreude veranschaulicht.

Im Zentrum steht der innere Wert
und die Erkenntnis, dass wahres Glück und Sinn
von innen kommen.

Praktische Tätigkeiten können den inneren Kern stärken und unterstützen. Von der beruhigenden Wirkung der Natur bis hin zur Reflexion der eigenen Werte – jedes Element lädt dazu ein, bewusst innezuhalten und den eigenen Weg abseits von äußeren Maßstäben zu finden. Gemeinsam fügen sich diese Aspekte zu einem ganzheitlichen Bild, das dazu anregt, das Leben aus einer neuen Perspektive zu betrachten.

Entdecke den inneren Schatz in Dir

„Wahrer Reichtum ist das,
was in der Stille des Herzens verborgen liegt."

Der innere Reichtum eines Menschen ist wie ein stiller Wald, dessen Schönheit nur jene erkennen, die sich die Zeit nehmen, einzutreten. Es sind die leisen Fähigkeiten und Talente, die tiefen Gedanken, die sanften Empfindungen – all das, was kein Preis, kein Pokal und kein Titel jemals erfassen kann. Doch um diesen Schatz zu finden, braucht es Mut. Mut, aufzuhören, nach außen zu schauen, und stattdessen nach innen zu horchen.

ERWEITERE DEINEN HORIZONT

Das Leben gleicht einem weitläufigen Horizont, der sich mit jedem Schritt weiter öffnet. Doch allzu oft bleiben wir stehen, gefangen in der Sicherheit des Bekannten. Angst hält uns wie ein unsichtbares Band zurück, während unsere Träume wie Vögel in einem Käfig umherflattern. Doch was, wenn wir den Mut finden, diese Tür zu öffnen? Was, wenn wir lernen, dass das Leben erst wirklich beginnt, wenn wir die Fesseln der Angst sprengen?

Den inneren Reichtum finden
kleine Schritte, große Wirkung

Entdecke die Kraft bewusster Momente, um deinen inneren Reichtum zu nähren. Von achtsamen Morgenritualen über stille Abende bis hin zu Spaziergängen in der Natur – es sind die kleinen, liebevollen Taten, die deine innere Balance stärken. Lasse dich inspirieren, durch bewusstes Lesen, Momente der Stille und kreative Tätigkeiten mehr Gelassenheit, Zufriedenheit und Freude in dein Leben zu bringen.

Der Weg zu innerem Reichtum beginnt genau hier – mit dir.

Stell dir vor, ein neuer Morgen bricht an. Noch bevor der Lärm des Alltags die Stille durchdringt, hältst du für einen Moment inne. Dieser Augenblick gehört dir allein – ein Moment, in dem sich die Welt langsamer dreht und dein Atem den Rhythmus vorgibt. Es ist genau dieser Moment, in dem du die Weichen für deinen Tag stellen kannst. Wie oft verpassen wir diese Gelegenheit, einfach weil wir uns von äußeren Anforderungen treiben lassen? Doch heute ist anders. Heute entscheidest du dich, deinem inneren Reichtum Raum zu geben.

„Die Kunst der Dankbarkeit öffnet Türen zu den Wundern,
die im Verborgenen auf uns warten."

Die Kunst der Dankbarkeit ist wie ein leiser Tanz im Alltag, ein Tanz, der uns daran erinnert, dass das Glück oft in den kleinen, unscheinbaren Momenten verborgen liegt.

Jeder von uns betritt jeden Morgen eine neue Bühne – ein unbeschriebenes Blatt, ein Tag voller Möglichkeiten. Doch bevor der Vorhang aufgeht, lohnt es sich innezuhalten, einen Moment der Stille zu schaffen und sich Fragen zu stellen, die die Schönheit des Lebens hervorheben.

Warum diese Fragen? Sie sind wie eine Brücke zwischen dem Vergangenen und dem Kommenden, zwischen dem, was wir erlebt haben, und dem, was wir erhoffen. Dankbarkeit ist der Schlüssel, der diese Brücke trägt.

Welche Fragen könnten uns begleiten?

„Was hat mich gestern zum Lächeln gebracht?“
Vielleicht war es das warme Licht des Sonnenuntergangs oder ein unerwartet freundliches Wort.

„Was gibt mir heute Kraft?“
Vielleicht ist es die Vorfreude auf eine Aufgabe oder das Vertrauen in die eigenen Fähigkeiten.

„Welchen Gedanken möchte ich heute mitnehmen?“
Vielleicht ist es die einfache, aber mächtige Überzeugung, dass dieser Tag gut werden kann.

Doch diese Vorschläge sind nur ein Anfang. Jeder von uns lebt in einem anderen Geflecht von Momenten, Gefühlen und äußeren Faktoren. Deine Fragen können anders sein, einzigartig wie du selbst. Finde deine eigenen, lass sie aus deinem Innersten aufsteigen. Sie müssen nicht perfekt oder großartig sein – sie müssen nur dir gehören.

Und dann schreib sie auf. Drei kleine Stichworte genügen, um den Tag mit einer klaren, bewussten Haltung zu beginnen. Oder um den vergangenen Tag wertzuschätzen, ihm ein Lächeln nachzusenden. Es ist eine Routine, eine sanfte Erinnerung daran, dass auch an grauen Tagen Farben schlummern.

Die Fragen, die wir uns stellen, sind Fenster zur Dankbarkeit.
Öffne sie, spüre den frischen Wind der Erkenntnis
und finde in den kleinsten Dingen ein Leuchten,
das dein Herz wärmt.

Lass diese Routine zu einem stillen Begleiter werden, einem Moment der Einkehr, der dich sanft zurück zu dir selbst führt. Wenn die Nacht ihre Schatten wirft und der Tag sich verabschiedet, ist es dieser Augenblick, in dem die Welt den Atem anhält – ein flüchtiger Moment, der nur dir gehört.

Wie ein leises Flüstern, das zwischen den Stunden schwebt, erinnert dich diese Gewohnheit daran, was wirklich zählt. Nicht das Tempo der Welt, nicht die unaufhörliche Jagd nach Mehr, sondern das bewusste Innehalten, die leise Anerkennung dessen, was war und was ist.

Denn wenn sich der Morgennebel hebt und die Sonne ihren ersten goldenen Strahl auf die Erde legt, bleibt eine Wahrheit bestehen: Dankbarkeit ist kein Besitz, den man horten kann. Sie ist eine Quelle, die nie versiegt – und wer sie zu schätzen weiß, hält den Schlüssel zu innerem Reichtum in seinen Händen.

Die Stille ist nicht die Abwesenheit von Geräuschen, sondern eine Präsenz, die nur dir gehört. Wenn du die Augen schließt und einfach atmest, spürst du, wie sich dein Geist klärt und dein Herz zur Ruhe kommt. In dieser Stille findest du nicht nur dich selbst, sondern auch die Stärke, die dich durch den Tag trägt.

Diese Rituale sind mehr als bloße Handlungen – sie sind ein Ausdruck deiner Wertschätzung für das Leben und für dich selbst. Sie erinnern dich daran, dass wahres Wachstum von innen kommt und dass du die Macht hast, deinen Tag bewusst zu gestalten.

Wage es, diese Reise zu beginnen. Sie führt nicht nur zu einem erfüllteren Leben, sondern auch zu einem tiefen, dauerhaften Frieden in dir. Denn der Schlüssel zu deinem inneren Reichtum liegt in deiner Hand.

Plane gezielte Ruhepausen, in denen du dich hinsetzt, die Augen schließt und einfach atmest. Schon wenige Minuten am Tag können dich mit dir selbst verbinden.

Verbringe bewusst Zeit allein, ohne Ablenkung durch soziale Medien oder ähnliche Dinge. Vielleicht mit einer Tasse Tee, einer Kerze und deinen Gedanken.

Gehe regelmäßig in die Natur – sei es ein Spaziergang im Wald oder einfach ein Moment, um den Himmel zu betrachten. Natur hat eine beruhigende Wirkung und verbindet uns mit dem Wesentlichen.

Kreativität fördert innere Zufriedenheit. Sei es Malen, Schreiben, Kochen oder Gärtnern – finde eine kreative Tätigkeit, die dich erfüllt.

Manchmal bereichert innerer Reichtum auch, wenn er geteilt wird. **Schreibe** jemandem, den du magst, eine Nachricht voller Wertschätzung oder Aufmunterung.

Spontanität ist der unsichtbare Funke,
der das Gewöhnliche in ein Abenteuer verwandelt und uns lehrt,
das Leben nicht zu planen, sondern zu fühlen.

Mut zur Spontanität ist wie der erste Atemzug nach einem langen Tauchgang – ein Moment voller Intensität, Freiheit und Lebendigkeit. Ein spontaner Tanz im Regen mag nicht den Lauf der Welt verändern, aber er verändert uns. Plötzlich spüren wir die Tropfen nicht mehr als Kälte, sondern als Lebenselixier, das unsere Haut küsst.

Es sind diese ungeplanten, unerwarteten Augenblicke, die unseren Herzschlag beschleunigen und uns daran erinnern, dass wir lebendig sind. Der Mut, aus dem Alltäglichen auszubrechen, eröffnet Türen, von deren Existenz wir nichts ahnten. Es braucht keinen perfekt geplanten Flug oder eine ausgeklügelte Strategie – manchmal genügt ein einfaches „Warum nicht?" Und plötzlich finden wir uns auf Straßen, die nicht auf Karten verzeichnet sind, doch genau deshalb voller Wunder stecken.

Ein Leben voller Abenteuer und Träume bedeutet nicht, dass wir ständig auf Reisen sein oder waghalsige Sprünge wagen müssen. Es bedeutet, die Grenzen unseres Denkens und Fühlens zu sprengen. Die größten Abenteuer geschehen oft in unserem Inneren, wenn wir alte Muster durchbrechen und uns erlauben, das Leben in all seiner Fülle zu umarmen.

Es ist das Abenteuer, morgens mit Neugier aufzuwachen. Es ist der Traum, ein Leben zu führen, das dich nährt und inspiriert, und nicht das, was andere von dir erwarten. Und es ist die Bereitschaft, im Scheitern nicht das Ende, sondern den Anfang neuer Möglichkeiten zu sehen.

Empfange das Leben mit offenen Armen mit all seinen Unsicherheiten und Möglichkeiten. Es ist ein Ruf, den Käfig zu öffnen, unsere Träume fliegen zu lassen und zu erkennen, dass die schönsten Geschichten immer dort beginnen, wo der Mut die Angst übertrumpft.

Das Leben liebt jene, die es wagen, das Unerwartete zu umarmen. Spontanität ist wie ein frischer Wind, der uns aus eingefahrenen Bahnen reißt und uns zeigt, dass die Welt größer ist, als wir sie uns manchmal ausmalen.

Doch warum fällt es uns so schwer, spontan zu sein?
Oft halten uns Routinen oder die Angst vor dem Unbekannten zurück.
Doch gerade dort, im Unbekannten, wartet oft die Magie des Lebens.

Stell dir vor, es ist ein gewöhnlicher Dienstagabend. Du hast nichts Besonderes vor, doch dann hörst du von einem Konzert in der Nähe – eine Band, die du früher geliebt hast. Du zögerst, denkst dir: „Vielleicht zu kurzfristig, zu kompliziert." Aber was, wenn du einfach gehst? Was, wenn dieser eine spontane Abend zu einer Erinnerung wird, die du nie vergisst?

Probiere Neues aus: Gehe in ein Restaurant, in dem du noch nie warst, oder nimm eine andere Route auf deinem Spaziergang.

Erlaube dir, Pläne loszulassen: Nicht alles muss perfekt organisiert sein. Manchmal ist das Beste das, was ohne Planung geschieht.

Spontanität ist eine Einladung des Lebens, das Gewohnte hinter sich zu lassen. Es ist der Mut, in den Strom des Moments zu springen und sich treiben zu lassen.

Jeder große Traum beginnt mit einem ersten Schritt, und dieser Schritt ist oft der schwerste. Es ist wie bei einem sprudelnden Gebirgsbach, der seinen Weg ins Tal sucht: Der Anfang mag steinig und mühselig sein, doch bald findet das Wasser seine Kraft und bahnt sich unaufhaltsam seinen Weg.

Es spielt keine Rolle, ob der erste Schritt klein oder zaghaft ist – er ist ein Sieg über das Verharren. Es ist der Moment, in dem wir uns selbst beweisen, dass wir mehr sind als unsere Zweifel. Vielleicht gehst du heute nur ein paar Schritte in Richtung deines Traums, vielleicht planst du nur das erste Detail – aber es setzt eine Kette in Gang, die nicht mehr aufzuhalten ist.

„Eine Bucket-Liste ist mehr als eine bloße To-Do-Liste –
sie ist ein Spiegel der eigenen Sehnsüchte und Träume,
eine Reise zur Selbstfindung, die uns dazu ermutigt,
das Leben mit offenem Herzen zu entdecken.“

Eine Bucket-Liste ist mehr als eine To-Do-Liste – sie ist ein Liebesbrief an das Leben. Doch anstatt Trends zu folgen, schreibe sie mit deinem Herzen. Was lässt dein Herz schneller schlagen? Vielleicht träumst du davon, unter dem Nordlicht zu tanzen, das in der Nacht wie ein Aquarell am Himmel schimmert. Oder davon, einmal den Wind in der Wüste zu spüren, wie er goldene Sandkörner an deinen Füßen entlang trägt.

Doch nicht alle Träume sind groß und weltbewegend. Auch die kleinen, scheinbar unbedeutenden Wünsche haben ihren Platz. Schreibe ein Gedicht nur für dich selbst. Pflanze einen Baum und sieh zu, wie er wächst. Lerne, den Sternenhimmel zu lesen, und fühle, wie unendlich groß die Welt über dir ist. Es sind die kleinen, echten Momente, die sich tief in deine Seele einbrennen.

Statt große, kaum erreichbare Ziele zu setzen, die uns eher entmutigen als beflügeln, sollten wir die kleinen, bedeutungsvollen Momente in den Mittelpunkt stellen – jene, die uns wirklich erfüllen und unser Herz berühren. Was sind die Dinge, die dein Leben bereichern und dir Freude schenken? Lass dich von diesen Ideen inspirieren und gestalte deine Liste voller Leichtigkeit und echter Begeisterung.

„Barfuß durch einen Sommerregen laufen.“
Spüre die Erde unter deinen Füßen und erinnere dich daran,
wie lebendig du bist.

„Den Sternenhimmel in einer klaren Nacht betrachten.“
Nimm eine Decke, gehe hinaus und lass dich von der Unendlichkeit des
Himmels verzaubern.

„Einen Tag ohne Technologie verbringen.“
Schaffe Raum für Gespräche, Gedanken und echte Erlebnisse.

„Etwas lernen, das dich schon immer fasziniert hat.“
Sei es das Spielen eines Instruments, eine neue Sprache oder Kochen –
du bist nie zu alt für neue Abenteuer.

„Einen Sonnenaufgang erleben.“
Stehe früh auf und erlebe, wie die Welt zum Leben erwacht.

...

Eine erfüllende Bucket-List muss nicht aus exotischen Reisen und waghalsigen Abenteuern bestehen. Sie sollte Träume enthalten, die dein Herz berühren und dir Freude schenken, unabhängig davon, wie groß oder klein sie scheinen.

DER UNENDLICHE TANZ
VON KÖRPER, GEIST UND SEELE

Ein ewiger Tanz durch Raum und Zeit,
in dem Körper, Geist und Seele im Einklang schwingen und
das Leben sich im Hier und Jetzt entfaltet.

Wie ein leiser Windhauch, der sanft über ein Meer aus Grashalmen streift, bewegt sich das Leben auf der Erde – ein zartes Gleichgewicht, ein Zusammenspiel aus Körper, Geist und Seele, eingebettet in die weite Symphonie des Universums.

Die Seele, so glauben viele Menschen in verschiedenen Kulturen, ist kein Gefangener des Körpers, sondern ein Reisender, der von einer Ebene zur nächsten wandert, von einer Welt zur anderen, in einem ewigen Tanz von Geburt und Wiedergeburt.

Die Seele - wie ein unendlich tiefes Meer, in dessen unergründlichen Tiefen das Wissen der Jahrtausende ruht. Jeder Tropfen, jede Welle erzählt eine Geschichte, trägt Erlebnisse und Erinnerungen – nicht nur aus einem einzigen Leben, sondern aus vielen. Der Körper ist das Schiff, das dieses Meer befährt, und der Geist ist der Kompass, der die Richtung weist. Doch so wie ein Kapitän achtsam mit seinem Schiff umgeht, so tragen wir Verantwortung für die Einheit von Körper, Geist und Seele. Sie sind die Instrumente, durch die sich unser Dasein entfaltet.

In vielen Kulturen wird das Leben hier auf der Erde als Schule des Geistes und des Herzens verstanden. Der Körper mag vergänglich sein, ein Haus, das wir irgendwann verlassen müssen, aber die Seele wächst durch jede Erfahrung, die wir machen. Schmerz und Freude, Verlust und Hoffnung – all dies ist der Stoff, aus dem die Seele ihre Flügel webt. Es ist ein Glaube, der nicht belastet, sondern tröstet: Der Gedanke, dass alles, was wir tun, Teil eines größeren Geflechts ist, dass unser Tun und Lassen wie Kreise im Wasser nachwirken und Teil des Lebens anderer wird.

So führt uns das Leben – mit all seinen Höhen und Tiefen – zurück zu den einfachen Wahrheiten, die doch so leicht in der Hektik des Alltags verloren gehen. Es ist die Erkenntnis, dass Zufriedenheit nicht im Streben nach „mehr" liegt, sondern in der Wertschätzung dessen, was ist: Der warme Händedruck eines Freundes. Der Duft von Erde nach einem Sommerregen. Der Frieden, der uns durchflutet, wenn wir anderen mit einem Lächeln begegnen und spüren, wie dieses Lächeln zurückstrahlt.

Am Ende mag das größte Geschenk dieses Lebens darin liegen, dass es uns erlaubt, die Seele reifen zu lassen. Wie ein Baum, der sich mit jedem Jahresring erneuert und doch tief in der Erde verwurzelt bleibt, wächst auch unsere Seele – getragen von dem Glauben, dass sie unzerstörbar ist, dass sie weiterzieht, wenn der Wind des Lebens sie ruft. Und während die Ewigkeit die Seele umfängt, bleibt die Gegenwart unser heiligster Lehrer, der uns lehrt, den Augenblick zu ehren und unser Licht mit der Welt zu teilen.

Dein Leben ist eine große Symphonie. Der Körper, der Geist und die Seele sind die Instrumente, jedes mit seiner eigenen Melodie, die zusammen das magische Werk des Daseins erschaffen. Doch was geschieht, wenn eines der Instrumente verstimmt ist? Die Harmonie bricht auseinander, und das Lied des Lebens verliert seinen Zauber. Ganzheitliches Wohlbefinden ist der Dirigent, der sicherstellt, dass jedes Element im Einklang spielt, ein Tanz der Einheit, der Schönheit und der Lebendigkeit.

In einer Welt, die uns immer wieder auffordert, schneller, besser und stärker zu sein, vergessen wir oft, dass unser wahres Wesen aus mehr als nur Leistung besteht. Es ist wie ein Baum, dessen Wurzeln tief in die Erde ragen, während seine Zweige sich dem Himmel entgegenrecken. Vernachlässigen wir die Wurzeln, verliert der Baum seine Stabilität. Und so ist auch unser Wohlbefinden eine Balance – eine Balance, die wir immer wieder neu gestalten müssen.

„Dein Körper ist dein Tempel" – dieses alte Sprichwort mag abgedroschen klingen, doch seine Wahrheit bleibt unerschütterlich. Der Körper ist unser Zuhause, der Ort, an dem unsere Seele wohnt, und der Kompass, der uns signalisiert, wenn wir aus der Balance geraten. Oft sind es die kleinen Dinge, die wir ignorieren: die Spannung im Nacken, die Müdigkeit nach einem langen Tag, das fehlende Gefühl der Leichtigkeit.

Der Geist ist ein unermüdlicher Architekt. Er gestaltet unsere Welt durch Gedanken, Überzeugungen und Wahrnehmungen. Doch was geschieht, wenn die Gedanken uns überwältigen, wenn sie wie ein Sturm über uns hereinbrechen? Unser inneres Gleichgewicht beginnt zu wanken, und die Welt erscheint uns wie ein unsicherer Pfad.

Die Seele ist das ewige Licht, das in uns brennt, selbst wenn der Sturm des Lebens tobt. Sie ist der Teil von uns, der über die Materie hinausgeht, der uns mit dem Unendlichen verbindet. Doch in der Hektik des Alltags neigen wir dazu, diese innere Flamme zu übersehen.

Eine alte Legende aus Indien erzählt von einem König, der nach dem Geheimnis des Glücks suchte. Ein Weiser sagte ihm:

„Das Glück findest du nicht in den Sternen, sondern in dir selbst.
Nimm dir jeden Tag einen Moment Zeit, um die Stille zu spüren.
Dort wird die Seele zu dir sprechen."

Die Seele ist wie ein stiller See, dessen Tiefe unermesslich ist. Wenn wir innehalten und lauschen, finden wir Frieden, Klarheit und den Sinn, den wir oft im Außen suchen.

Das Geheimnis des ganzheitlichen Wohlbefindens liegt darin, die Verbindung zwischen Körper, Geist und Seele wiederherzustellen. Es ist ein Tanz, kein Ziel. Jeder Schritt, den wir bewusst gehen – sei es ein achtsames Essen, ein dankbarer Gedanke oder ein Moment der Stille – bringt uns näher an die Harmonie, nach der wir uns sehnen.

Dein Leben ist wie ein Garten. Jeder Moment der Fürsorge, den du deinem Körper, deinem Geist und deiner Seele schenkst, ist wie ein Samen, der wächst und blüht. Ganzheitliches Wohlbefinden ist nicht nur die Abwesenheit von Krankheit, sondern das blühende, pulsierende Gefühl, lebendig zu sein.

Spüre die Inspiration, die Symphonie deines Lebens mit neuem Eifer zu dirigieren, die leisen Stimmen des Körpers zu hören, den Geist zu beruhigen und die Seele leuchten zu lassen.

Denn am Ende ist es die Harmonie, die uns erfüllt, und das Licht, das wir in uns tragen, das die Welt erhellt.

Während wir den Schatz des inneren Reichtums entdecken und das Streben nach äußeren Maßstäben hinter uns lassen, öffnet sich eine neue Tür – eine, die in das Herz unseres Daseins führt.

Wie oft suchen wir Verbindung im Außen, ohne zu bemerken, dass die wichtigste Beziehung jene ist, die wir mit uns selbst führen. Sich mit sich selbst zu verbinden ist kein Akt des Egoismus, sondern der Selbstfürsorge – ein Schritt, der uns befähigt, auch anderen authentisch zu begegnen. Sich selbst zuzuhören, bedeutet, innezuhalten und die leisen Stimmen unserer Seele wahrzunehmen. Es bedeutet, die Stille nicht zu fürchten, sondern sie als einen Raum des Wachstums zu umarmen.

„Das Leben entfaltet seine Schönheit im bewussten Erleben
des gegenwärtigen Augenblicks, in der Kunst,
die kleinen Wunder des Alltags zu erkennen und zu feiern.»

Jede Sekunde des Lebens ist wie ein Wassertropfen, der in einen stillen See fällt und sich in immer größer werdenden Kreisen ausbreitet. Doch wie oft laufen wir über diesen See, ohne die Wellen zu sehen? Wir hasten von Stunde zu Stunde, von Aufgabe zu Aufgabe, ohne die Magie des Augenblicks wahrzunehmen, die direkt vor uns liegt – wie ein leuchtender Sonnenstrahl, der sich scheu durch das Blätterdach eines Waldes stiehlt.

Das Leben ist wie ein Gemälde, jeder Moment ein Pinselstrich, jeder Atemzug ein Farbton. Doch in unserer Jagd nach Perfektion und Kontrolle neigen wir dazu, die kleinen, scheinbar unscheinbaren Striche zu übersehen. Dabei sind es oft genau diese, die dem Bild Tiefe und Bedeutung verleihen. Die Kunst, das Leben zu feiern, beginnt mit der Entscheidung, innezuhalten und hinzuschauen. Nicht nur mit den Augen, sondern mit dem Herzen.

Viele Kulturen lehren uns, dass die Gegenwart ein heiliger Raum ist – ein Ort, an dem wir Frieden finden können, wenn wir den Mut haben, darin zu verweilen. Denn das Leben geschieht nicht „irgendwann", es geschieht jetzt – in diesem Atemzug, in diesem Schlag deines Herzens.

Die Kunst, das Leben zu feiern, ist keine Kunst, die man in Museen bewundert, sondern eine, die man lebt. Sie ist das bewusste Lächeln, das du einem Fremden schenkst, die Umarmung, die du jemandem gibst, den du liebst, und der Blick in den Himmel, wenn die Sterne erwachen. Sie ist der Mut, das Gute im Einfachen zu erkennen – den Geschmack von frischem Brot, das Prickeln von Regentropfen auf der Haut, das Gefühl von Erde unter den Füßen.

Es ist diese Achtsamkeit, die uns aus dem Strudel der Gedanken reißt, die uns erdet und uns mit dem Hier und Jetzt verbindet. Und während wir lernen, die Sekunden zu ehren, lernen wir auch, unser Leben zu ehren – nicht als eine Ansammlung von Erfolgen und Rückschlägen, sondern als ein pulsierendes, lebendiges Wunder, das uns in jedem Augenblick willkommen heißt.

Denn jede Sekunde, die wir bewusst erleben, ist ein Geschenk. Und wie bei jedem Geschenk liegt es an uns, es auszupacken und seine Schönheit zu entdecken. So werden wir zu Künstlern unseres eigenen Lebens, und unser Gemälde wird zu einem Meisterwerk, das nicht nur uns selbst, sondern auch anderen Hoffnung und Freude schenkt.

Jeder große Traum, jedes Abenteuer beginnt mit einem einzigen Schritt. Doch oft fühlen wir uns von der Größe unserer Wünsche überwältigt. Wir wissen, was wir wollen, doch der Weg scheint zu weit, zu steil, zu schwierig. Hier ist die Wahrheit: Der erste Schritt ist der mächtigste. Er mag klein sein, aber er bringt den Stein ins Rollen.

Ein Mann wollte immer einen Marathon laufen. Doch anstatt sich direkt auf die gesamte Strecke zu konzentrieren, nahm er sich vor, einfach nur jeden Tag zehn Minuten zu laufen. Aus diesen zehn Minuten wurden zwanzig, dann dreißig. Ein Jahr später überquerte er die Ziellinie seines ersten Marathons. Der erste Schritt war es, der alles möglich machte.

Der erste Schritt ist mehr als nur ein Anfang – er ist ein Statement, dass du bereit bist, deinem Leben Richtung zu geben.

Abenteuer und Träume sind nicht nur etwas, das wir tun, sondern etwas, das uns verwandelt. Sie sind Werkzeuge, um besser zu uns selbst zu finden, um zu wachsen und das Leben in seiner Fülle zu erfahren. Der Mut zur Spontanität, das Erstellen einer erfüllenden Bucket-List und die Macht des ersten Schrittes sind wie Schlüssel, die Türen zu neuen Möglichkeiten öffnen.

Sei mutig, sei neugierig und erinnere dich daran, dass jedes Abenteuer, ob groß oder klein, eine Geschichte ist, die nur du erzählen kannst. *Deine Geschichte. Dein Leben. Deine Träume.*

Der berühmte Poet Rainer Maria Rilke schrieb:
„Das Leben und ich, wir sind gute Freunde."

Diese einfache Aussage erinnert uns daran, dass auch das Leben selbst eine Quelle der Verbundenheit sein kann. Wenn wir das Rauschen der Blätter hören, die Wärme der Sonne spüren oder in den Sternenhimmel blicken, spüren wir, dass wir Teil von etwas Größerem sind – einem unendlichen Netz des Lebens, das uns alle miteinander verbindet.

In der Verbundenheit mit uns selbst und anderen liegt eine tiefe Wahrheit: Sie geschieht im Hier und Jetzt. Oft warten wir auf „den richtigen Moment", um uns zu öffnen, um Liebe und Nähe zu zeigen. Doch das Leben passiert jetzt. Der warme Händedruck, das aufrichtige „Wie geht es dir?" und das Lächeln, das ein Herz berührt – sie sind Geschenke, die den Moment erheben und die Bindung stärken.

Am Ende unseres Weges sind es nicht die Dinge, die wir gesammelt haben, sondern die Verbindungen, die wir geknüpft haben, die unser Leben definieren. Verbundenheit ist das Netz, das uns hält, wenn wir fallen, und uns aufrichtet, wenn wir wachsen.

Authentische Verbindungen sind wie Leuchttürme im Ozean des Lebens, die uns den Weg weisen und uns daran erinnern, dass wir nicht allein sind. Doch diese Beziehungen erfordern Mut – den Mut, echt zu sein. Es bedeutet, uns so zu zeigen, wie wir sind, mit all unseren Ecken und Kanten, und dem anderen Raum zu geben, dasselbe zu tun.

Nicht jeder hat eine Familie oder enge Freunde. Doch Verbundenheit kennt keine festen Formen – sie ist flexibel, weitreichend und grenzenlos. Eine Verbindung kann mit einem Fremden entstehen, der ein Lächeln erwidert. Oder mit einem Tier, dessen Augen Geschichten erzählen, die Worte nicht fassen können.

Verstehe dein Leben nicht nur als Moment, sondern als Schritt auf einem Weg, der uns alle verbindet. Ein Weg, der dazu führt, dass wir uns selbst und anderen mit Güte begegnen und erkennen, dass wahre

Zufriedenheit kein Ziel, sondern eine Haltung ist. Denn letztlich sind wir alle Teil desselben großen Tanzes.

Und so tanzen wir weiter, von einer Erkenntnis zur nächsten, getragen von der leisen Melodie unserer Seele. Wie ein Fluss, der unaufhaltsam seinen Weg bahnt, fließt das Leben nicht nur durch die Jahre, sondern durch die Sekunden – jene kleinen, oft übersehenen Perlen, aus denen die Kette unseres Daseins besteht. Es ist ein Tanz, der uns einlädt, nicht nur den Pfad der Ewigkeit zu begreifen, sondern auch die Schönheit des Augenblicks zu feiern. Denn im Hier und Jetzt liegt die Macht, das Leben als Geschenk zu erkennen – ein Geschenk, das keine Schleife braucht, nur unsere Achtsamkeit.

PERFEKTION:
EIN TRÜGERISCHES STREBEN

„Perfektion lockt wie ein fernes Licht,
doch je näher man ihr kommt, desto deutlicher erkennt man,
dass ihr Glanz nur eine Spiegelung der eigenen Unsicherheit ist."

Perfektion ist eine Fata Morgana in der Wüste unseres Strebens – ein trügerisches Versprechen, das uns lockt, nur um sich im nächsten Moment aufzulösen. Wir jagen ihr hinterher, als wäre sie ein Stern, den wir greifen könnten, doch sobald wir glauben, ihn berührt zu haben, erkennen wir: Es war nur das Spiegelbild unserer eigenen Sehnsucht.

Die Welt hat uns gelehrt, dass Perfektion das Ziel ist, das Maß aller Dinge. Aber ist sie das wirklich? Oder ist sie nur ein leuchtender Irrtum, der uns von der eigentlichen Schönheit des Unvollkommenen ablenkt? Wir feilen an uns, glätten Kanten, korrigieren Fehler – bis wir plötzlich bemerken, dass wir mehr geschliffen als gewachsen sind.

Denn Perfektion ist eine Bühne ohne Applaus, ein Gemälde ohne Tiefe. Es sind die feinen Risse in der Keramik, die Charakter verleihen. Wir vergessen oft: Es ist nicht die perfekte Symmetrie, die uns bewegt, sondern die zufälligen Linien eines Windhauchs im Sand – flüchtig, unvorhersehbar und doch voller Leben.

Ist Perfektion das Ziel – oder ist sie der Schatten, der uns davon abhält, wahrhaft zu strahlen?

Wie oft sagen wir uns: *„Wenn ich das erreicht habe, dann werde ich glücklich sein. Wenn alles perfekt ist, dann beginnt das wahre Leben."* Doch dieses Streben nach Perfektion ist wie ein Horizont – er scheint immer in Sicht, doch wir erreichen ihn nie. Die Wahrheit ist, das Leben wird niemals perfekt sein. Es wird unvorhersehbar, chaotisch, manchmal schwierig und oft wunderschön sein – aber niemals makellos.

Eine alte japanische Kunstform namens Kintsugi lehrt uns, die Schönheit in Unvollkommenheiten zu finden. Zerbrochene Keramik wird mit goldener Lackierung repariert, sodass die Risse nicht verborgen, sondern hervorgehoben werden. Die Risse erzählen eine Geschichte, und die goldenen Linien machen das Stück einzigartig. Unser Leben ist wie dieses Gefäß – die Narben, die wir tragen, sind nicht unser Makel, sondern unser Stolz. Sie zeugen von Stärke, Wachstum und der Tiefe unserer Erfahrung.

Das Leben ist wie ein Tanz, dessen Schritte wir oft nicht kennen. Wir stolpern, wir improvisieren, und manchmal treten wir uns selbst auf die Füße. Genau darin liegt die Magie – nicht im perfekten Schritt, sondern in der Bewegung selbst. Wir könnten das Leben wie eine präzise Choreografie betrachten, durchgetaktet und geplant, aber wer sagt, dass der wirkliche Zauber nicht in den Momenten liegt, in denen wir vom Rhythmus abweichen?

Manchmal ist es das Stolpern, das uns neue Wege zeigt, das Improvisieren, das ungeahnte Möglichkeiten öffnet. In der Unsicherheit, im Chaos, in den ungeplanten Wendungen liegt das, was uns herausfordert, verwandelt – und letztendlich lebendig macht.

Vielleicht also ist Perfektion nicht das Ziel, sondern eine Illusion, die uns davon abhält, die Schönheit des Unvollkommenen zu sehen. Denn gerade wenn wir uns selbst auf die Füße treten, lachen, taumeln und weiter tanzen, erleben wir das Leben in seiner ehrlichsten, intensivsten Form.

Das Leben wird uns immer wieder überraschen, uns aus der Bahn werfen. Doch genau dort, in der Ungewissheit, liegt die Gelegenheit, neue Wege zu entdecken, die wir uns nie vorgestellt hätten.

Wir glauben oft, wir müssten perfekt sein, um von anderen akzeptiert zu werden. Doch ist es nicht genau das Gegenteil? Es sind unsere Schwächen, unsere Eigenheiten, die uns menschlich und nahbar machen. Ein Freund, der in einer schweren Zeit an unserer Seite steht, liebt nicht unsere Perfektion, sondern unsere Echtheit. Ein Lachen, das inmitten von Tränen aufbricht, schafft eine tiefere Verbindung, als Perfektion es je könnte.

Wenn wir anderen erlauben, uns so zu sehen, wie wir wirklich sind, schaffen wir Raum für wahre Nähe.

Stell dir einen Weg vor, gepflastert mit Steinen, die keiner Norm entsprechen – kantig, verwittert, einzigartig. Es wäre ein Pfad, der nicht zur Perfektion strebt, sondern zur Wahrheit: Ein Spiegel des Lebens selbst.

Die Füße der Wandernden setzen auf unebenen Grund, manchmal stolpern sie, manchmal verweilen sie auf einem besonders schönen Stein.

In den feinen Rissen, die das Material durchziehen, wächst wildes Leben – Blumen, die aus dem Unvollkommenen ihre Kraft schöpfen, als würden sie der Welt zurufen:

„Hier ist Schönheit, genau hier, wo niemand sie erwartet!"

Der Weg ist kein makelloses Band, sondern eine Komposition aus Erfahrungen, aus kleinen Fehlern, aus Geschichten, die in den Einkerbungen der Steine bewahrt wurden. Es ist ein Tanz aus Bewegung und Stillstand, aus Herausforderung und Hingabe. Jene, die ihn gehen, lernen schnell: Es geht nicht darum, die perfekten Schritte zu setzen, sondern mit offenen Augen und wachem Herzen weiterzugehen, über jede Unebenheit hinaus.

Denn genau hier, zwischen den Spuren des Zufalls, zwischen den Brüchen und Abweichungen, entfaltet sich die Essenz des Lebens. Nicht in makellosen Linien, sondern in den unerwarteten Blüten am Wegesrand.

Doch wie kann man diese Philosophie in den Alltag integrieren? Hier sind einige Schritte, um Unvollkommenheiten nicht nur zu akzeptieren, sondern in ihnen die Quelle von Lebensfreude zu finden:

Feiere das Chaos:
Wenn etwas nicht nach Plan läuft, frage dich: Was kann ich aus diesem Moment lernen? Kann ich eine neue Möglichkeit entdecken, die vorher nicht sichtbar war?

Umarme deine Fehler:
Fehler sind keine Rückschläge, sondern Sprungbretter. Erinnere dich daran, dass jeder Erfolg auf einer Reihe von Versuchen und Fehlschlägen aufgebaut ist.

Finde die Schönheit im Moment:
Schau auf die kleinen Details – den unperfekten Kuchen, der trotzdem köstlich schmeckt.

Lass los, was du nicht kontrollieren kannst:
Es gibt eine gewisse Freiheit darin, nicht alles zu lenken. Lerne, die Kontrolle abzugeben und dem Leben zu vertrauen.

Lebensfreude im Unvollkommenen zu finden, ist wie ein Feld mit wilden Blumen zu betreten. Es mag chaotisch wirken, ohne die Präzision eines geordneten Gartens, doch genau in diesem Chaos liegt seine wahre Schönheit.

Sehe die goldenen Fäden in den Rissen des Lebens. Feiere die Einzigartigkeit im Unvorhersehbaren und umarme mit einem offenen Herzen die Magie des Lebens – so chaotisch, so unvorhersehbar und so wunderbar wie es ist. Denn letztlich ist es nicht die Perfektion, die uns erfüllt. Es ist die Freude am Unvollkommenen, das unser Leben lebendig macht.

Das Leben fordert uns oft heraus, und inmitten des Chaos, des Leistungsdrucks und der Hektik scheint es unmöglich, die Schönheit des Moments zu erkennen. Doch gerade hier liegt der Schlüssel: Nicht der Versuch, das Chaos zu beseitigen, sondern die Fähigkeit, es zu umarmen und die kleinen Freuden darin zu entdecken.

Es geht darum, innezuhalten, einen Schritt zurückzutreten und die Magie des Augenblicks zu finden. Lassen wir uns auf eine Reise ein, die uns lehrt, unser Leben so zu akzeptieren, wie es ist – voller Unvollkommenheiten, Überraschungen und verborgener Schätze.

Das Leben besteht aus Momenten, und doch verbringen wir so viele von ihnen in Gedanken – über das, was war, und das, was sein könnte. Aber was wäre, wenn wir den Blick auf das lenken würden, was jetzt ist?

Jeder Augenblick ist wie eine Schneeflocke, die lautlos fällt und auf der Zunge zergeht – einzigartig, unwiederbringlich, vergänglich.

Der Wind streicht sanft über deine Haut, als du den ersten Schritt setzt. Nicht in Eile, nicht getrieben von dem rastlosen Strom der Gedanken— sondern mit einem Ziel, das so schlicht wie bedeutungsvoll ist. Dort, in der Ferne, leuchtet ein Tropfen Sonne auf der Erde: eine gelbe Blume, einsam und doch strahlend, ein Flüstern der Natur, das dich ruft.

Die Welt um dich verblasst. Kein Summen des Telefons, kein Echo der Sorgen—nur die sanfte Einladung dieser Blüte, deren Farbe den Himmel herausfordert, deren Zartheit die Zeit anhält. Jeder Schritt zu ihr ist eine Befreiung, ein stilles Versprechen, im Hier und Jetzt zu verweilen.

Und als du schließlich vor ihr stehst, spürst du es: Präsenz. Ein Moment, der nichts braucht außer dich, die Blume und die leise Erkenntnis, dass es manchmal genügt, einfach nur zu sein.

Wenn das Leben über uns hinwegfegt wie ein Sturm, helfen kleine, greifbare Schritte, den Boden unter den Füßen wiederzufinden. Warum nicht ein persönliches Ritual schaffen, das dich zu dir selbst zurückbringt? Stelle dir ein Kartenspiel vor – kein gewöhnliches Spiel, sondern eines, das du selbst gestaltest.

Schreibe auf jede Karte eine kleine Tat, die Freude bringt und den Geist beruhigt. Hier sind einige Beispiele, die in deinem Alltag Platz finden könnten:

„Finde eine gelbe Blume.“
Suche nach etwas Unscheinbarem, das dir ein Lächeln schenkt.

„Schreibe drei Dinge auf, für die du dankbar bist.“
Eine kleine Übung mit großer Wirkung.

„Lege dich auf den Boden und höre eine Minute lang nur zu.“
Lausche dem Wind, den Stimmen im Haus, dem Klang deines Atems.

„Schicke jemandem eine Nachricht, der dir wichtig ist.“
Eine Geste, die Herzen verbindet.

„Nimm einen Bleistift und zeichne, was du vor dir siehst."
Egal, ob du talentiert bist oder nicht – Kreativität befreit.

„Trinke langsam ein Glas Wasser."
Spüre die Erfrischung, nimm dir Zeit.

Bringe Klarheit, Freude und Ruhe in deinen Tag. Jeder dieser kleinen Schritte trägt dazu bei, das Chaos im Kopf zu beruhigen und dich in den Moment zurückzuholen:

„Zieh deine Schuhe aus und spüre den Boden unter deinen Füßen."
Der Kontakt zur Erde bringt uns aus den Gedanken zurück ins Hier und Jetzt. Es ist ein Moment der Erdung und der Verbindung zu uns selbst.

„Zünde eine Kerze an und beobachte die Flamme für eine Minute."
Dieses einfache Ritual kann beruhigend wirken, unseren Fokus lenken und uns daran erinnern, wie schön und kraftvoll etwas so Kleines ist.

„Umarme dich selbst."
Körperliche Nähe, auch zu uns selbst, sendet dem Gehirn ein Signal der Sicherheit und des Trostes. Es kann beruhigend wirken, besonders in stressigen Momenten.

„Schließe die Augen und atme dreimal tief ein und aus."
Tiefes Atmen hilft, das Nervensystem zu beruhigen, und bringt uns ins Gleichgewicht. Es unterbricht das Gedankenkreisen.

„Lächle – auch wenn du alleine bist."
Ein Lächeln, selbst ohne Grund, setzt Glückshormone frei und hebt sofort die Stimmung. Es ist eine kleine Geste mit großer Wirkung.

„Nimm dir Zeit, um ein Lied zu hören, das dir Freude bereitet."
Musik kann die Emotionen sofort beeinflussen, Erinnerungen wachrufen und uns aus einem negativen Gedankenstrudel befreien.

„Schreibe einen positiven Gedanken auf einen Zettel und klebe ihn an einen Ort, den du oft siehst."
Positive Affirmationen erinnern uns daran, dass wir selbst Einfluss auf unsere Gedanken haben, und können eine Quelle der Motivation sein.

„Male eine kleine Sonne auf ein Blatt Papier – ohne darüber nachzudenken, wie gut sie aussieht."
Kreative Tätigkeiten, selbst wenn sie spielerisch sind, fördern die Entspannung und lenken den Geist auf etwas Positives.

„Lese eine Seite in einem Buch oder höre eine Minute deinem Lieblingshörbuch zu."
Das Eintauchen in eine Geschichte kann eine mentale Pause vom Alltag bieten und neue Perspektiven eröffnen.

„Schreibe eine Idee oder einen Traum auf, den du verwirklichen möchtest."
Das Festhalten eines Traums inspiriert und erinnert uns daran, wofür wir brennen, selbst in chaotischen Zeiten.

„Finde etwas in deinem Zuhause, das dich an einen glücklichen Moment erinnert."
Erinnerungsstücke helfen uns, uns mit positiven Emotionen zu verbinden und uns daran zu erinnern, wie reich unser Leben bereits ist.

„Öffne das Fenster und atme frische Luft."
Die Verbindung zur Außenwelt, auch nur für einen Moment, kann beleben und uns helfen, uns geerdeter zu fühlen.

„Stehe auf und strecke deinen ganzen Körper, als wärst du ein Baum, der sich zur Sonne reckt."
Strecken löst Verspannungen und hilft uns, Energie und Leichtigkeit in den Körper zurückzubringen.

Ziehe jeden Tag eine Karte und lass dich von der Einfachheit dieser Taten überraschen. Diese kleinen Momente sind wie Anker im Sturm, sie ziehen dich ins Jetzt.

Diese kleinen Taten sind wie Schlüssel zu Momenten der Ruhe und Freude. Sie erinnern uns daran, dass das Leben nicht immer aus großen Errungenschaften bestehen muss, sondern aus vielen kleinen, magischen Augenblicken. Indem wir diese Momente bewusst in unseren Alltag einbauen, schaffen wir Raum für Zufriedenheit und Burn-out-Prävention. Versuche es – ziehe jeden Tag eine Karte, und lass dich von der Schönheit der Einfachheit überraschen.

Es ist dein Leben, dein Rhythmus, deine Freude!

DEN LEISTUNGSDRUCK
HINTER SICH LASSEN

„Löse dich von der Illusion, dass dein Wert an Leistung gebunden ist,
und erkenne, dass wahre Erfüllung nicht im Streben nach Mehr liegt,
sondern im bewussten Sein – genau hier, genau jetzt.“

Die Gesellschaft lehrt uns oft, dass unser Wert von unserer Leistung abhängt. Doch das ist eine Illusion, die uns erschöpft und leer zurücklässt.

Du bist nicht, was du tust.
Du bist nicht, was du besitzt.
Du bist nicht das, was andere über dich denken.
Du bist genug – genau hier, genau jetzt.

Löse dich von dem Gedanken, immer mehr erreichen zu müssen, und konzentriere dich darauf, mehr zu sein. Lebe bewusst, ohne dich zu vergleichen. Atme tief ein und fühle, wie der Druck mit jedem Atemzug schwindet. Geh hinaus, sieh in den Himmel und erinnere dich daran, dass du Teil von etwas Größerem bist.

Manchmal sind es die stillen, scheinbar unbedeutenden Augenblicke, die das Leben mit einer fast greifbaren Magie erfüllen. Die schönsten Momente des Lebens bleiben oft im Schatten unserer Aufmerksamkeit verborgen. Der dumpfe Klang einer Tür, die langsam ins Schloss fällt, während du hinausgehst—ein lautloses Versprechen, dass du zurückkehren wirst. Das Knarren des alten Holzbodens unter deinen Füßen, ein Echo von tausend Schritten, die vor dir gegangen sind. Das rhythmische Tropfen des Wasserhahns in der Küche, ein leiser Taktgeber, der dir zeigt, wie die Zeit verrinnt, ohne dass du es bemerkst.

Diese kleinen Szenen, beiläufig und unscheinbar, sind Begleiter deines Lebens. Sie fordern nichts, sie geschehen einfach—und doch sind sie da, beständig, ehrlich, wie eine stille Erinnerung daran, dass Schönheit nicht laut sein muss. Nur wer innehält, hört ihre Melodie.

Diese Momente sind keine Zufälle, sie sind kleine Wunder, verstreut über den Tag, leise Geschenke, die das Leben ohne Anspruch verschenkt. Du musst nur innehalten und sie bemerken.

Geh hinaus, spüre den Puls der Natur. Setz dich unter einen alten Baum, dessen Wurzeln Geschichten tragen, die älter sind als deine Sorgen.

Lausche dem Wind, wie er durch die Blätter flüstert und mit ihnen tanzt. Oder warte auf die Nacht—sie breitet ihr samtiges Dunkel aus und lässt Sterne aufblühen, jeder ein leuchtender Tropfen Ewigkeit.

Es gibt keinen Augenblick, der unbedeutend ist. Das Leben ist voller Bühnen, auf denen Schönheit gespielt wird—du musst nur den Vorhang heben und zusehen.

Statt unaufhörlich nach mehr zu streben, lade die kleinen Augenblicke in dein Leben ein – jene, die im Stillen leuchten und das Jetzt bereichern. Hier sind einige Wege, wie du die Schönheit der Gegenwart bewusster erleben kannst:

Schaffe kleine Rituale:
Beginne deinen Tag mit einem bewussten Atemzug oder einem kurzen Moment der Dankbarkeit.

Sei kreativ:
Schreibe, male, tanze – nicht, um etwas zu erreichen, sondern um dich lebendig zu fühlen.

Verwandle Gewöhnliches in Besonderes:
Zünde eine Kerze an, während du isst. Sprich bewusst ein freundliches Wort.

Bleib neugierig:
Suche jeden Tag nach einer neuen Kleinigkeit, die dir Freude bereitet – eine Blume, eine Wolkenformation, ein Lächeln.

Erlaube dir, zu scheitern:
Fehler sind Teil des Lebens und oft der Beginn von Wachstum.

Am Ende liegt die Schönheit des Lebens nicht darin, alles zu kontrollieren oder zu perfektionieren. Sie liegt darin, den Moment zu umarmen, das Chaos als Teil des Ganzen zu sehen und die Magie in den kleinen Dingen zu entdecken. Denn das Leben – mit all seiner Unvollkommenheit – ist nicht weniger als ein Wunder. Es ist dein Wunder.

Wir leben in einer Welt, die rast, in der der Wert eines Menschen oft daran gemessen wird, was er tut, nicht wer er ist. Leistung wird zur Währung, Erfolg zur Bestätigung—und in diesem ständigen Streben nach Mehr bleibt kaum Raum für das bloße Sein. Doch wahre Erfüllung liegt nicht in Zahlen, nicht in Titeln, nicht im nächsten Meilenstein. Sie liegt im Moment, im Atemzug zwischen zwei Aufgaben, im stillen Einverständnis, dass du genug bist, genau so, wie du bist.

Und inmitten dieses Lärms gibt es etwas, das unerschütterlich bleibt: echte Verbindung. Sie entsteht nicht durch Status oder Errungenschaften, sondern durch das Zuhören—ein Zuhören, das nicht bewertet, nicht vergleicht, nicht wartet, um zu antworten. Sondern eines, das Raum schenkt, das anerkennt, das wirklich versteht. Denn am Ende ist es nicht der Applaus, der uns trägt, sondern die Stimme, die uns sieht. Nicht das Rennen, das zählt, sondern der Mensch, der mit uns geht.

Wenn wir am Ende unseres Lebens zurückblicken, sind es nicht die materiellen Dinge, die uns Erfüllung schenken, sondern die Momente, die wir mit anderen geteilt haben. Zeit ist die wertvollste Währung der Liebe. Denn Zeit, die wir einem anderen Menschen widmen, ist Zeit, die wir nie zurückfordern können. Es ist ein Geschenk, das reiner und kostbarer nicht sein könnte.

Zeit ist das Fundament, auf dem Beziehungen wachsen. In einer Welt, in der jeder spricht, aber nur wenige wirklich zuhören, ist das Zuhören eine der kraftvollsten Formen von Verbindung. Es geht nicht darum, auf die nächste Gelegenheit zu warten, um selbst etwas zu sagen, sondern darum, wirklich zuzuhören – mit den Ohren, den Augen und dem Herzen.

DIE KUNST DES ZUHÖRENS –
EIN SCHLÜSSEL ZUR EIGENEN WAHRHEIT

„Wir glauben oft, dass Zuhören eine einfache Handlung ist –
Worte empfangen, auf eine Antwort warten.
Doch wahres Zuhören ist weit mehr als das.
Es ist ein Fenster, durch das wir nicht nur den anderen sehen,
sondern auch uns selbst."

Wenn wir wirklich hinhören, erleben wir nicht nur die Geschichte, die erzählt wird – wir begegnen unseren eigenen Gedanken, unseren Mustern, unseren Ängsten und Hoffnungen. In den Worten eines anderen schwingt oft etwas mit, das in uns Resonanz findet. Vielleicht ein Zweifel, den wir selbst kennen, eine Sehnsucht, die uns vertraut ist. Vielleicht ist es die Art, wie jemand zögert, wie seine Stimme bricht, die uns erinnert: *„Auch ich kenne dieses Gefühl."*

Zuhören ist kein passiver Akt, sondern eine Brücke. Sie verbindet nicht nur Menschen miteinander, sondern auch uns mit unserem Innersten. Wer wirklich zuhört, entdeckt nicht nur die Welt des Anderen, sondern auch einen Teil von sich selbst, den er vielleicht bisher überhört hat.

Zuhören ist mehr als das bloße Aufnehmen von Worten – es ist eine unsichtbare Brücke, die zwei Seelen verbindet, eine Geste der tiefsten Wertschätzung. Es ist das Versprechen:

Ich bin hier. Ich sehe dich. Ich höre dich.

Wenn jemand spricht, liegt Magie in der Stille. Die Augen treffen sich, nicht flüchtig, sondern bewusst – ein stilles Zeichen, dass jede Nuance, jedes Zittern in der Stimme, jede ungeformte Gedankenpause Raum bekommt. Die Versuchung, zu unterbrechen, eine Lösung zu präsentieren, drängt sich auf wie eine Welle, die brechen will. Doch wahres Zuhören bedeutet, diese Welle sanft zurückzuhalten, dem anderen die Freiheit zu schenken, seine eigenen Worte zu finden.

Ein Wort, ein Blick, ein Moment des Innehaltens – und plötzlich öffnet sich ein Raum, in dem echte Verbindung entsteht. Zuhören ist nicht nur das Schweigen zwischen den Worten, sondern die Kunst, eine Geschichte aufzunehmen, sie zu fühlen, ohne sie zu formen. Es ist das Versprechen, dass jemand hier ist, ohne zu urteilen, ohne zu drängen – einfach nur, um da zu sein.

Die Stimme des anderen trägt Spuren von Erlebnissen, Zweifel, Hoffnungen. Sie fließt, und du folgst ihr, ohne den Drang, sie zu unterbrechen, ohne sofort eine Lösung zu präsentieren. In diesem Moment entsteht etwas Wertvolles: die Gewissheit, verstanden zu werden. Wie eine Reflexion auf ruhigem Wasser, die zeigt, dass jedes Wort seinen Platz gefunden hat, dass es nicht verloren ging, sondern sanft aufgenommen wurde.

Zuhören ist kein bloßes Verweilen in der Stille—es ist ein geheimer Pfad, der zwei Seelen miteinander verwebt. Es ist die Kunst, Worte nicht nur zu hören, sondern ihre Zwischentöne zu verstehen, das Unausgesprochene zu fühlen, das in einem Atemzug verborgen liegt.

Es ist wie das sanfte Öffnen einer Tür, hinter der keine Erwartungen lauern, keine Urteile, keine Hast. Nur ein Raum, weit und unberührt, in dem ein Mensch sich entfalten darf—roh, ehrlich, ohne Masken. Ein Geschenk, das keine großen Gesten erfordert, sondern nur die bedingungslose Bereitschaft, wirklich da zu sein.

Zuhören ist mehr als ein Akt des Verstehens. Es ist ein leiser Ruf, der Nähe schafft. Es ist die Brücke, die nicht aus Worten, sondern aus echtem Sein gebaut wird. Und manchmal ist es das Einzige, das ein Herz braucht, um nicht allein zu sein und sich verstanden zu fühlen.

„Manchmal muss man sich erst verlieren,
um sich in der Stille wiederzufinden – denn Erinnerungen,
die bleiben, entstehen dort, wo das Herz für einen Moment innehält.“

Das Leben ist wie ein leises Echo, das in den Dingen widerhallt, die wir oft übersehen, wie die Spur von Fußabdrücken im Sand—Momente, die erst sichtbar werden, wenn wir innehalten und zurückblicken.

Erinnerungen sind nicht die lauten Kapitel, nicht die Meilensteine, die stolz verkündet werden. Sie sind das Knarren einer alten Treppe im Elternhaus, das Rascheln eines Buches, das einst Trost gespendet hat, die erste kühle Brise eines Herbstmorgens, die unweigerlich den Wandel ankündigt.

Vielleicht erinnerst du dich nicht mehr an jedes Detail eines großen Ereignisses, aber du erinnerst dich an das Gefühl. An den kurzen Blickwechsel, der mehr sagte als Worte. An die Wärme einer Hand, die deine eigene ergriff. An den Moment, in dem alles ganz still war—und genau deshalb unvergesslich wurde.

Erinnerungen sind nicht gemacht, sie entstehen. Und oft sind sie es, die uns durch die Dunkelheit tragen, wie kleine Lichtpunkte am Horizont unserer Seele. Man muss sie nicht suchen—man muss nur da sein, wenn sie geschehen. Das Leben entfaltet seine wahre Schönheit erst dann, wenn wir ihm mit offenen Sinnen begegnen—wenn wir nicht nur existieren, sondern wirklich da sind, bereit, jeden flüchtigen Moment als Teil einer Geschichte zu erkennen, die nur darauf wartet, gefühlt zu werden.

Die Eiche steht – unbeugsam, aber nicht starr. Sie lässt sich vom Sturm formen, nicht brechen. Jeder Windhauch trägt eine Geschichte fort, jede verwehte Erinnerung ist ein Blatt im Tanz der Zeit. Doch während alte Blätter fallen, treiben neue Knospen aus, denn das Leben schenkt uns stets neue Momente, die es wert sind, gelebt zu werden.

So sind es nicht die vergangenen Stürme, die zählen, sondern jene Augenblicke, in denen das Sonnenlicht durch die Lücken scheint, die sie hinterlassen haben. Wer sich nicht an die Äste klammert, die längst vom Wind fortgetragen wurden, sondern die Hände frei hat für das Hier und Jetzt, wird die Schönheit jedes Augenblicks spüren.

Denn Erinnerungen entstehen nicht aus dem Festhalten, sondern aus dem Erleben. Sie sind das Echo eines Lachens, das Flüstern einer Berührung, der sanfte Widerhall einer warmen Sommernacht. Und wenn der nächste Sturm kommt, trägt er nicht nur Blätter fort, sondern auch die Gewissheit: Wer die Wurzeln kennt, fürchtet den Wind nicht.

Die Eiche steht inmitten der tosenden Winde, ihre Äste wie Arme, die sich gegen den Himmel strecken, doch niemals brechen. Der Sturm zerrt an ihr, rüttelt an ihrem Stamm, entreißt ihr Blätter und zwingt sie zum Tanz mit der Ungewissheit. Doch ihre Wurzeln, tief im Erdreich verankert, halten sie fest – eine stille Gewissheit, dass sie bleibt, egal wie wild der Wind tobt. So ist es mit uns. Das Leben schickt seine Stürme, manche laut und brausend, andere leise, aber nicht minder kraftvoll. Sie fegen durch unsere Tage, reißen Pläne hinweg, verändern Wege, von denen wir glaubten, sie seien sicher. Doch der Moment, den wir jetzt erleben, gehört uns – und nur wer ihn wirklich lebt, kann Erinnerungen schaffen, die nicht verwehen wie Blätter im Wind.

Ein Tagebuch kann ein Anker sein, Worte, die uns erden, wenn die Welt aus den Fugen gerät. Ein Freund, dem wir unser Innerstes anvertrauen, kann die Wurzel sein, die uns Halt gibt, wenn alles um uns wankt. Sich den Herausforderungen zu stellen, ihnen ins Auge zu sehen, bedeutet, ihre Lektionen zu erkennen – auch wenn sie zunächst verborgen scheinen. Vielleicht ist die größte Erkenntnis die, dass Stärke nicht in der Unerschütterlichkeit liegt, sondern in der Fähigkeit, sich dem Sturm hinzugeben, ihn nicht zu fürchten, sondern zu durchleben.

Denn Wachstum braucht Raum. Heilung braucht Zeit. Es ist kein Zeichen von Schwäche, innezuhalten, zu atmen, sich selbst zu erlauben, für einen Moment einfach zu sein. Die Eiche wächst nicht trotz des Sturms, sondern mit ihm. Und so wachsen auch wir – nicht, weil wir den Wind bekämpfen, sondern weil wir lernen, mit ihm zu tanzen.

Am Ende unseres Lebens fragen wir uns nicht, ob wir genug gearbeitet oder genug Besitztümer angesammelt haben. Wir fragen uns, ob wir wirklich gelebt haben – ob wir geliebt, gelacht und unseren Platz in der Welt gefunden haben. Das Leben ist ein Mosaik aus flüchtigen Augenblicken – jeder Moment ein Farbklecks auf der Leinwand unserer Existenz. Wer sich zu sehr an die Vergangenheit klammert oder in der Sorge um die Zukunft verstrickt ist, verpasst die Strahlkraft des Jetzt. Denn Erinnerungen, die bleiben, entstehen nicht durch das Festhalten an dem, was war, sondern durch das bewusste Erleben dessen, was ist.

Die Eiche im Sturm lehrt uns, dass Standhaftigkeit nicht bedeutet, sich gegen den Wind zu stemmen, sondern mit ihm zu schwingen, ihn zu fühlen, ihn zu nutzen. So ist es auch mit dem Leben: Es wird nicht durch Kontrolle gemeistert, sondern durch Hingabe. Die schönsten Erinnerungen sind jene, die uns unerwartet treffen, die sich nicht planen lassen, sondern einfach geschehen – ein lachender Blick, eine warme Hand, das Echo eines Liedes, das unser Herz berührt.

Wer wirklich lebt, dem öffnet sich die Welt in ihrer ganzen Fülle. Nicht weil jeder Moment perfekt wäre, sondern weil er echt ist, weil er empfunden wird, weil er Teil von uns wird. Lebensfreude wächst aus dieser Echtheit, aus der Fähigkeit, das Kleine zu sehen, das Große zu spüren, das Unscheinbare wertzuschätzen.

Sich selbst zu finden bedeutet nicht, nach einer unveränderlichen Wahrheit über sich zu suchen, sondern zu erkennen, dass wir uns mit jedem Augenblick formen. Zufriedenheit entsteht nicht durch das Streben nach einem perfekten Leben, sondern durch die Fähigkeit, das eigene Leben als lebendig zu begreifen.

Wer das Jetzt umarmt, erschafft Erinnerungen, die bleiben – nicht als Schatten der Vergangenheit, sondern als leuchtende Fragmente, die das Leben bunt machen, die uns tragen, wenn der Wind wieder stärker weht.

Am Ende sind es nicht die großen Errungenschaften, die dein Leben definieren, sondern die vielen kleinen Augenblicke, die du bewusst gelebt hast.

„Der erste Schritt ist keine bloße Bewegung –
er ist das leise Aufbegehren der Seele, ein Versprechen an sich selbst,
dass das Morgen nicht von gestern bestimmt wird,
sondern von dem Mut, heute zu leben."

Das Leben, das vor dir liegt, ist ein ungeschriebenes Kapitel, eine leere Leinwand, die nur darauf wartet, mit Farben, Träumen und Geschichten gefüllt zu werden. Doch wie oft hetzen wir blind durch die Tage, als seien sie ein endloser Vorrat? Die Wahrheit ist, jede Sekunde ist ein Geschenk, verpackt in das fragile Papier der Zeit. Sie wartet nur darauf, ausgepackt zu werden, in all ihrer Zerbrechlichkeit und Pracht.

Es beginnt immer mit einem Atemzug. Dem ersten, den du morgens nimmst, wenn du die Augen öffnest. Ein Atemzug, der wie ein sanfter Flügelschlag durch deinen Körper rauscht, dir Leben einhaucht und dich daran erinnert:

Du bist hier. Hier, in diesem Moment, der niemals wiederkehren wird. Und während die Welt sich rastlos weiterdreht, hältst du inne – vielleicht zum ersten Mal seit langer Zeit.

Ein Atemzug – unscheinbar, flüchtig und doch mächtig. Er ist das leise Versprechen des Lebens, dass du heute neu beginnen kannst. Jeder Tag birgt die Möglichkeit eines Aufbruchs, wenn du den Mut findest, den ersten Schritt zu tun. Der Schritt hinaus aus dem Bekannten, aus dem sicheren Rahmen, aus den Erwartungen, die nicht deine eigenen sind.

Mut ist nicht laut, nicht rauschend wie der Sturm, der die Eiche peitscht. Mut ist ein leiser Entschluss, der im Inneren keimt, ein Flüstern, das sagt:

„Es ist Zeit."
Es ist Zeit, sich selbst nicht länger zu übersehen.
Es ist Zeit, nicht nur zu existieren, sondern wahrhaft zu leben.

Das Leben ist ein Gewebe aus flüchtigen Momenten, ein Strom aus Eindrücken, Begegnungen, Gefühlen. Doch die schönsten Erinnerungen entstehen nicht aus bloßem Warten, sondern aus bewusstem Erleben. Wer in der Vergangenheit verhaftet bleibt, kann das Jetzt nicht spüren. Wer in der Zukunft verloren geht, versäumt die Gegenwart. Nur wer sich dem Moment hingibt, wer mit offenen Sinnen durch den Tag schreitet, wird Erinnerungen schaffen, die bleiben – nicht als blasse Schatten, sondern als leuchtende Fragmente, die das Herz erfüllen.

Dankbarkeit ist der Schlüssel. Nicht für das Perfekte, sondern für das Echte. Für das Unvollkommene, das trotzdem strahlt. Für die Augenblicke, die nicht geplant, sondern gelebt werden. Wer Dankbarkeit in sich trägt, erkennt das Wunder, das jeder Tag bereithält.

Sich selbst zu finden, ist kein Ziel, das man eines Tages erreicht. Es ist eine Reise, die niemals endet, ein ständiges Werden, ein Erkennen, ein Loslassen. Denn sich selbst zu finden bedeutet nicht, sich neu zu erfinden, sondern das abzulegen, was nicht zu einem gehört. Den Mut aufzubringen, die Masken zu lösen, das Sein über den bloßen Schein zu stellen. Es bedeutet, die eigene Wahrheit zu erkennen und zu leben, ohne sich klein zu machen, ohne sich für andere zu verbiegen.

Der erste Schritt mag zögerlich sein. Vielleicht kennst du den Weg nicht, vielleicht fürchtest du den Sturm. Doch die Eiche bleibt nicht stehen, weil sie Angst vor dem Wind hat. Sie wächst trotz ihm, mit ihm, durch ihn. So ist es auch mit dir.

Lebe. Jetzt. Dein Atemzug ist der Anfang. Dein erster Schritt ist die Tür in ein Leben, das nur dir gehört. Wage ihn – und entdecke, dass du längst bereit bist. Es beginnt mit einem Atemzug – ein leises Flüstern des Lebens, das die Lungen füllt und den Körper sanft weckt. Der erste Atemzug eines Morgens ist wie der erste Schritt auf einem neuen Pfad, noch unberührt, noch voller Möglichkeiten.

Jeder Atemzug ist ein leiser Takt des Lebens, ein Rhythmus, der uns vorwärts trägt—mal sanft, mal stürmisch, doch immer weiter. Veränderung ist keine Grenze, kein abruptes Ende, sondern ein Fluss, der sich biegt, ausweitet, neue Wege findet. Sie geschieht nicht plötzlich, sondern fließt in uns hinein, ohne zu fragen, und doch mit der stillen Einladung, sich ihr hinzugeben.

Es ist die Bewegung, die uns formt, der Wandel, der uns lehrt, dass Stillstand nur eine Illusion ist. Ein sanftes Hinübergleiten in das, was kommt—nicht als Bruch, sondern als Fortsetzung eines Weges, der sich mit jedem Schritt neu schreibt.

Der erste Schritt in ein neues Leben ist selten laut. Er kommt nicht mit Feuerwerk und Fanfaren, sondern mit einem stillen Moment der Erkenntnis. Der Moment, in dem du spürst: Dies ist der Anfang. Ein Atemzug, eine Entscheidung, ein Schritt hinaus in die Ungewissheit – und doch voller Vertrauen, dass du getragen wirst, dass du wachsen wirst, dass jeder Moment, den du jetzt erlebst, die Farben deiner Erinnerungen für morgen malt.

„Das Leben tanzt auf der schmalen Linie
zwischen Gestern und Morgen –
nur wer den Augenblick umarmt,
spürt seinen Herzschlag und lässt ihn leuchten.“

Vielleicht bist du auf der Suche nach einem Wandel. Nach einem Funken Hoffnung inmitten der Routinen, die dich einengen, oder nach einer Möglichkeit, das Chaos des Alltags hinter dir zu lassen.

Dieses Buch soll dir kein fertiger Fahrplan sein, sondern eine Laterne in der Dunkelheit – es leuchtet dir den Weg, während du Schritt für Schritt deinem eigenen Rhythmus folgst. Denn in einer Welt, die von Vergänglichkeit geprägt ist, hast du eine Wahl:
Die Sekunden verstreichen zu lassen, ohne sie zu sehen.
Oder jede von ihnen zu feiern, als wäre sie ein Feuerwerk.

Das Leben besteht nicht aus den großen Festen oder seltenen Höhepunkten, sondern aus den feinen, alltäglichen Momenten, die ineinanderfließen wie Tintentropfen ins Wasser. Es ist der warme Duft von Kaffee am Morgen, das Lachen eines Freundes, das Echo eines Regentropfens auf Fensterglas. Und doch übersehen wir sie oft, vertieft in Pläne, Sorgen oder Vergangenes.

Jede Sekunde zählt, weil sie nicht zurückkehrt. Sie ist ein Geschenk, das sich nicht zurückfordern lässt. Und doch ist das Leben großzügig – es gibt uns immer die nächste Sekunde, einen neuen Augenblick, um besser zu leben, mehr zu lieben und uns selbst neu zu entdecken. Doch nur, wenn wir uns für sie öffnen.

Lasst uns also nicht warten, bis die Sanduhr fast leer ist, um den Wert jedes Körnchens zu erkennen. Beginne heute, die Sekunden zu ehren: Rufe einen Menschen an, der dir am Herzen liegt. Schreibe eine Zeile, die aus deinem Innersten kommt. Tanze. Denn im Tanz der Sekunden liegt das wahre Leben.

Die rastlose Zeit ist ein Dieb – sie entführt uns in ein Netz aus Eile und Vergessen. Doch wir können uns entscheiden, zu entschleunigen, die leisen Melodien des Lebens wieder wahrzunehmen.

In der Kraft der Natur liegt ein Schlüssel: Das Flüstern des Waldes oder das goldene Leuchten der Abendsonne erinnern uns daran, dass es nichts Dringenderes gibt, als den gegenwärtigen Moment zu erleben.

Der Tag beginnt. Ein Sonnenstrahl schleicht sich durchs Fenster, tänzelt über deinen Arm, kitzelt dein Gesicht. Ein scheinbar gewöhnlicher Moment – doch genau hier, genau jetzt, passiert etwas Magisches. Es ist das Geschenk der Gegenwart, das dir lautlos überreicht wird. Jede Sekunde, jeder Atemzug, jeder ungezählte Herzschlag ist ein Versprechen: *„Du bist hier. Lebendig. Dies ist dein Augenblick.“*

Warum ist es so leicht, das zu vergessen? Die Welt treibt uns vorwärts, als säßen wir in einem Zug ohne Haltestellen. Pläne, Verpflichtungen, Sehnsüchte – wir jagen einem Morgen hinterher, während das Heute leise an uns vorbeizieht. Doch was wäre, wenn wir innehalten würden? Wenn wir den Augenblick so bewusst auskosten könnten wie einen Tropfen Honig auf der Zunge?

„Jede Sekunde ist ein Geschenk" ist keine kitschige Floskel, sondern ein Ruf zur Revolution – eine Revolution in deinem Inneren. Es bedeutet, dich dem Leben in seiner vollkommenen Unberechenbarkeit hinzugeben. Es bedeutet, morgens aufzuwachen und zu denken: *„Was für ein Geschenk, dass ich diesen Moment erleben darf.“*

Beginne mit kleinen Ritualen: Schau den Wolken zu, während sie am Himmel treiben. Höre dem Wind zu, der durch die Bäume flüstert. Lächle. Diese Momente – die kleinen, unscheinbaren – sind die wahren Fäden, aus denen die Tapete deines Lebens gewoben ist.

Chronisch negative Gedanken wirken wie feine, unsichtbare Tropfen, die uns langsam aushöhlen. Sie verstärken Stress, und Stress wiederum entfesselt eine Welle von Reaktionen im Körper. Herzrasen, Verspannungen, Schlaflosigkeit – der Körper begibt sich in einen Zustand der Daueranspannung. Langfristig können negative Gedanken das Immunsystem schwächen, das Risiko für Herz-Kreislauf-Erkrankungen erhöhen und sogar den Hormonhaushalt durcheinanderbringen. Der Geist sendet Botschaften, und der Körper antwortet – manchmal auf schmerzhafte Weise.

Doch es gibt Hoffnung. Denn wenn unsere Gedanken so tiefgreifend auf uns wirken, dann liegt auch die Kraft in uns, sie zu verändern und damit Gesundheit und Wohlbefinden wiederherzustellen.

Ein Leben voller Leidenschaft und Freude ist kein einmaliger Akt, sondern eine ständige Entscheidung. Jeden Tag, in jedem Moment, können wir uns dafür entscheiden, unser Herz zu öffnen, unsere Emotionen zuzulassen und das Leben in all seiner Intensität zu umarmen.

Dies ist keine Flucht aus der Realität, sondern die tiefste Form der Verbindung mit ihr. Denn nur, wenn wir die Leidenschaft spüren, die uns erfüllt, und die Freude, die uns umgibt, können wir wirklich sagen: *Ich lebe.* Und in diesem Leben liegt die unendliche Schönheit des Menschseins.

Es erfordert mehr als oberflächliche Wahrnehmung – es erfordert tiefes Fühlen, ein aktives Verweilen in den Momenten des Daseins und die Bereitschaft, die Welt mit anderen Augen zu betrachten.

Freude ist die Schwester der Leidenschaft, oft stiller, aber nicht minder kraftvoll. Gesundheitswissenschaften haben erkannt, dass Freude tiefgreifende Auswirkungen auf unsere körperliche Gesundheit hat. Ein authentisches Lächeln – das sogenannte Duchenne-Lächeln – kann den Spiegel des Stresshormons Cortisol senken. Freude beruhigt unseren Herzschlag, senkt den Blutdruck und stärkt unser Immunsystem.

Es bedarf eines Paradigmenwechsels. Anstatt das Schöne zu „suchen", sollten wir uns erlauben, es zu **sein**. Dies erfordert einen bewussten Akt der Hingabe an den Moment, das Abstreifen von Erwartungen und das Vertrauen in die Unvollkommenheit.

EPILOG: DIE EWIGE SUCHE

Und so endet diese Geschichte – nicht mit einem abgeschlossenen Kapitel, sondern mit einem offenen Pfad. Die Reise zur Selbstentdeckung ist keine gerade Linie, kein Ziel, das man erreicht und abhakt. Sie ist ein beständiger Tanz zwischen Vergangenheit, Gegenwart und Zukunft, ein Pulsieren von Erkenntnis, Akzeptanz und Wachstum.

Wir tragen unsere Vergangenheit in uns, nicht als Last, sondern als leise Stimme, die uns erinnert, formt und manchmal herausfordert. Doch wahres Wachstum geschieht, wenn wir nicht in alten Geschichten verweilen, sondern die Gegenwart umarmen – als das Einzige, was wirklich greifbar ist.

Sich selbst zu akzeptieren ist keine spontane Erleuchtung, sondern ein Prozess der kleinen Schritte. Es ist das Flüstern am Morgen, das einem sagt: „Ich bin genug." Es ist der Mut, authentisch zu sein, auch wenn die Welt andere Masken erwartet. Es ist die Kraft der Dankbarkeit – für das, was war, für das, was ist, und für das, was noch kommt.

Jede Suche ist einzigartig, jeder Weg verwoben mit Erfahrungen, Fehlern und Erkenntnissen. Und wenn es eines gibt, das bleibt, dann ist es die Freiheit, weiterzugehen.

Die Reise ist nicht vorbei. Sie beginnt immer wieder – mit jedem Atemzug, mit jeder Entscheidung, mit jedem Schritt, den du wagst.

Und so stehst du am Anfang dessen, was nur dir gehört – dein Leben, dein Weg, deine Wahrheit. Möge jeder Atemzug dich erinnern, dass du es bist, der die Farben setzt, dass jeder Schritt ein Tanz mit dem Moment ist. Geh los, ohne Zweifel, ohne Maske – mit offenen Augen, mit wachem Herzen. Denn der Weg gehört dir, und jeder Schritt ist ein Versprechen an dich selbst.

Ich sitze hier, den Stift in der Hand, und lasse die Gedanken wandern. Dankbarkeit erfüllt mich – für das Leben, das mich geformt hat, für die Menschen, die mich begleitet haben. Familie, Freunde, flüchtige Begegnungen, die doch so tief berühren können.

Dieses Buch entstand aus dem Zuhören. Aus den leisen Geschichten, die zwischen den Regalen einer Apotheke geflüstert werden, aus den unausgesprochenen Fragen, die in den Blicken der Begegnungen liegen. Menschen eilen von Termin zu Termin, von Meilenstein zu Meilenstein, als wäre das Leben ein Wettlauf, den man gewinnen muss. Und doch, wenn die Stille eintritt, frage ich mich: Wer hat sich wirklich gefunden? Wer ist überhaupt auf der Suche?

Ich habe meine eigenen Wege gewählt, nicht weil es die Welt von mir verlangte, sondern weil ich die Freiheit besaß, meine Träume zu formen. Ich habe Ziele gesetzt und sie erreicht – nicht, um jemandem etwas zu beweisen, sondern um in meinem Innersten das Glück zu spüren, das aus Selbstbestimmung wächst. Ich bin angekommen, voller Zufriedenheit.

Ich begegne immer wieder verlorenen Seelen – Menschen, die Halt suchen, vielleicht ohne es zu wissen. Manchmal reicht ein Wort, ein kurzer Blick, ein Lächeln, um ihnen für einen Augenblick die Sicherheit zu geben, dass sie nicht allein sind.

Was zählt am Ende des Lebens? Nicht die Geschwindigkeit, mit der wir durch die Tage rennen. Sondern die Berührungen, die Begegnungen, die Spuren, die wir in den Herzen anderer hinterlassen.

Dankbarkeit bleibt. Sie ist das Licht, das selbst in den dunkelsten Zeiten leuchtet.